# 「学ぶ力」の鍛え方

相馬 亨［著］

東洋館出版社

# はじめに

教職は、「ここまでやったらOK」といった終わりが見えにくい職業です。やることを増やそうと思えば、いくらでも増やすことができます。それだけに「やるべきこと」と「やる必要のないこと」の峻別がとても重要なのですが、その峻別がとてもむずかしい職場でもあります。

そのため、「少しでも子どものためになることだったら」とか、「隣の教室ではやっていることだから」とか、「前の年でも学年でやっていたことだから」といった理由で手をつけてしまいがちです。しかし、それでは仕事が増える一方だし、肝心の教育行為のクオリティが上がりません。時間ばかりが無為に過ぎ去ってしまうこともあるでしょう。

だからこそ、**どれだけむずかしくとも本当に成果があるものはなにかを洗い出し、自分の指導を見つめ直し、いったいどんなことに注力するのかを自分自身で決めることが**大事だと思います。

働き方改革が叫ばれるようになって久しい今日ですが、いまなおたいへん遅くまで残って仕事をされる先生はどの学校にもいます。その先生自身はそれでよいと考えているのかもしれませんが、残業にリソースを使いすぎて心に余裕がなくなってしまうならば、自分自身のみならず、周囲にも悪影響を及ぼしてしまうこともあります。

「夜遅くまでがんばっている先生はすばらしい」という時代では、もはやなくなりました。自分が担任する子どもたちの様子をよく見て、自分の指導の効果測定をしっかり行い、（たとえどれだけこだわりをもってがんばっていることであっても）思ったほどの効果を見いだせない（子どもたちの成長が認められない）なら、確証バイアスに惑わされず、スッパリやめたほうがいいと思います。

これは、教師一個人の問題ではもちろんなく、学校行事など学校全体で行う取組においてはさらに重要度が増します。授業を含め、さまざまな教育活動から少しずつ削って帳尻を合わせるといった改革ではなく、教室において、学校において、本当に教育効果を見込めることにのみフォーカスし、それ以外のことは一切やらないというくらいの覚悟が、管理職も含め教師一人ひとりに必要なのだろうと思います。

この先、教師には、「教え込みをやめる」といったレベルの話ではなく、**子どもたちが、ときに個別に、ときにクラスメイトと協働しながら「問い」を見いだし、AIとも対話しながら解決の方途を自らつくりだせるようになるクリエイティビティとイマジネーションが求められる**可能性があります（OpenAI社が2022年11月に公開したChatGPT、

Micorsoft のBing AIなどのＡＩ活用が教育現場に求められるようになるのも、そう遠い未来ではないかもしれません）。こうした点を考慮すれば、過去の経験則に頼るばかりの指導、対症療法やつけ焼き刃的な対応策では、必要なことに注力するどころか、苦しくなるばかりではないでしょうか。

そこでまずは、教師一人でも取り組めるところからはじめてみるのも手です。私の場合は、授業以外の勤務時間については、授業をつくる時間に充てたいと考えています。そこで、小さなことですが、宿題のチェック、漢字の直し、一人ひとりのノートを細かく見て赤を入れるといったことは、すべてやめました。それでなにか弊害があったかといえば、なにもありません。

それこそ夏休み明けであっても、宿題にはざっと目を通しますが、間違っている箇所に付箋を貼り、表紙に「good job !」と書いて、次の日に返すだけです。

テストの丸つけも、（子どもの学習状況や発達段階にもよりますが）子ども同士でできるし、自主学習ノートにしても毎日コメントを入れたりせず、定期的に自主学習展覧会を行う程度です。

自主学習展覧会を行う朝は、それぞれ自分の自主学習ノートを机に広げ、付せんを手にクラスメイトのノートを見て回り、「ここが参考になったから真似してみるね」などと書いて付せんを貼りつけ合います。

その際、私も見て回りながら、「これははじめての試みだね」とか「この視点はおもしろいなぁ」とつぶやきます。そうすると、周囲の子も〝なるほど、そうすればいいのか〟などと思うのか、クラスメイトのノートを真似したりもします。それくらいのほうが、（コメントなどで教師が直接的に価値づけるよりも）子どもは自分の行っていることに価値を見いだすようです。

ほかにも、こと細かく聞き取りを行いながら生活指導を行うのもやめました。どんなに注意深く時間をかけてトラブルが起きないよう事前に指導していても、起きるときは起きます。相手は子どもですから、〝あのとき、ちゃんと指導したのに…〟は通じません。（第1章でも述べますが）たとえトラブルが起きても、火種の段階で消化できるようにしておくほうが効果的だし、なにより楽です。

こんなふうにしていると、1日の勤務時間のうちのおよそ2～3時間は削れるし、その気になれば4時半くらいには、その日の仕事を終えることができます。私の場合は、同僚の授業を見た感想をレポートにまとめて配るといった時間に充てたいので、退勤時間の目標は「めざせ5時半」です。遅くとも6時までには退勤しています。

結局のところ、「子どもが学習しやすいように」と教師が先回りして（準備してあげて）

得られるのは教師自身の自己満足です。冷たい言い方になってしまいますが、子どもが自分の力でできるチャンスを奪い、できないままにしている面が、学校にはたくさんあるのではないかということです。

すなわち、「教師の〇〇をやめた」というときの「〇〇」は、「子どもが自分の力でやれる（自ら成長できる）チャンスだ」という着眼点から、なにをどのタイミングでどうやめるかを見極め、実行に移すことです。

「そうはいっても、クラスにはできる子ばかりではない。できない子はどうするんだ。結局は無為無策の放任なんじゃないのか」といった声も聞こえてきそうです。それに対して私が重視しているのは、どの子も自分なりの文脈で「学ぶ力」を発揮できるようになる土台づくり（トレーニング）です。

＊

内閣府の設置した総合科学技術・イノベーション会議は、「Society 5.0の実現に向けた教育・人材育成に関する政策パッケージ」（２０２２年6月）を公表し、大きな3つの柱のひとつに「探究・STEAM教育を社会全体で支えるエコシステムの確立」を掲げてＡＩについても言及するとともに、次の学習指導要領の改訂（見込み）時期を示したロードマップを掲載しています（改訂時期は２０２７年という記載があります）。

この先のことは、私にもわかりませんが、教師もまた知的職業のひとつです。学校教育におけるAI活用が現実化すれば、この10年以内に子どもの学習方法も教師の指導法も劇的に変わる可能性も否定できません。

しかし、どれだけAIが台頭しようとも変わらない（変えてはいけない）不易が、教育界にはあります。それは、学業を軸としながらも、学校生活全般を通じて子ども一人ひとりが成長していける全人教育です。

その実現のためには、私たちが慣れ親しんできた「当たり前」を見直し、本当に必要なことにリソースを割けるようにし、私たち教師自身が新しい価値を創造できる働き手・学び手となることが求められているように感じます。

とはいえ、本書はAI時代の教育の姿を論じるものではないし、次期学習指導要領の改訂の方向を推測するものでもありません。これから先、どんな時代になろうとも、子ども自らが学ぶ、教師自らが学ぶ、その「学ぶ力」を鍛える考え方や方法の一端を提案するものです。

本書が、その一助になりましたら幸いです。

令和5年6月吉日　相馬　亨

【目次】



## 第1章 成長できる学級

## 第2章　子どもの「学ぶ力」を鍛える

## 第3章 教師としての「学ぶ力」を鍛える

# 第1章

# 成長できる学級

# 教師の力のかけどころ

校内外を問わず、学校では日常的に生活（生徒）指導上の問題が起きます。

校内に目を向ければ、子ども同士のちょっとしたいさかいが起きる、校外に目を向ければ、おうちの人のお金をとってしまうなど金銭的なトラブルが起きる、動画配信サイトに不適切な動画をアップしてしまう、などさまざまです。時代とともにトラブルの内容と質は移りゆくにしても、全国どこの学校でも、大なり小なりあるだろうと思います。

こうしたトラブルが、ひとたび表面化すれば、（校外のトラブルであっても）教師として対応を迫られます。

- 一人の子どもではなく何人かが絡んでいれば、一人ひとりへの聞き取りがはじまる。
- 事実関係を明らかにしようとするのだけど、往々にして話が食い違う。すると、保護者も入ってくる。
- 1学級にとどまらず、学年全体（場合によっては学校全体）での対応にまで発展してしまう。
- 緊急対応が必要であれば、授業時間をつぶして自習させないといけないときもある。

トラブルへの対応はたいへんです。ただ、私が本当に感じている問題点は、ほかのことにあります。それは、多くの労力と時間を費やして対応する割には、根本的な解決に至らないという点です。

たとえば、子どもたちに「悪かったよね」と言い聞かせて、謝らせたり反省させたりしたとしても、その子の心に響いていないことが圧倒的に多いからです。内心ちっとも納得していないのなら、その後の改善は期待できません。

教師としては、とにかく火消しには回るのだけれど、完全な鎮火には至らない。火種はくすぶりつづける。するとそのトラブルは、形を変えて何度でも再燃してしまう。それでは、時間と労力を無駄にしてしまい、子どもも教師も疲弊します。

## トラブルが起きにくい学級文化

こうしたトラブルは、起きやすい学級もあれば、起きにくい学級があることも事実です。さらに言えば、トラブルが起きるたびに炎上してしまう学級もあれば、たとえ起きたとしても、ボヤ程度で済む学級もあります。では、なにによってこの違いは生まれるのでしょうか。

どんな教師であっても、できればトラブルが発生しない学級（たとえ起きても、早期解決できる学級）であってほしいと願っています。それを実現するために必要なことは、（大げさな話ではなく）事前の手立ての積み重ねに尽きます。それは、トラブルに発展しそうな因子がそもそも生まれにくくなるイメージづくりです。

ここでは、次の2つのイメージを例示します。

**【イメージ①】クラスメイトと仲よくすることは、大事なことである。**

このイメージを否定的にとらえる方はいないと思います。子どもたちにとってもそうでしょう。問題は、現実にはどうしても仲よくできない（もしくは、仲よくしたいとは思えない）クラスメイトが同じ教室にいることです。

ここで重視したいことは、「仲よくできないこと」自体ではありません。「仲よくできそうにない」という状況が生まれたとき、子どもたちの内面でどのような心理作用が働くかです。

右のイメージ①における「クラスメイトと仲よくする」ことの理由を挙げるとすれば、

「そうすることが大事なことだから」です。この1文を分解すると、次の構造になります。

**【目的】**クラスメイトと仲よくすること。
**【理由】**大事にすべきことだから。

この【理由】は、いわば道徳的規範であるため、その【目的】である「仲よくできた」「いや、できなかった」ということは、善悪や正誤といった価値判断に置き換わります。つまり、クラスメイトと仲よくできないことは「悪いこと」、あるいは「間違っていること」という受け止めになるということです。

これに対して、次のイメージだったらどうでしょう。

**【イメージ②】**クラスメイトと仲よくすることは、自分自身の成長につながる。

一見すると、単なる言葉の置き換えのように思われるかもしれません。しかし、この1文を分解すると、次の構造になります。

**【目的】**自分を成長させること。
**【手段】**クラスメイトと仲よくすることによって。

このように「クラスメイトと仲よくする」という**【目的】**が**【手段】**となり、「大事にすべきことだから」という**【理由】**がなくなる（価値判断を必要としなくなる）のです。代わって、「自分を成長させること」が**【目的】**となります。

この双方の決定的な違いは、**イメージ①の【目的】は他律的になりやすいのに対し、イメージ②の【目的】は自律的になる可能性が高い**ということです。

もし、イメージ①の価値観のもとで、クラスメイトと仲よくできない状況がつづくのだとしたら、どうなるでしょうか。おそらく、子どもたちの思考は、次の段階を踏むのではないかと推測されます。

〝先生や親にバレたら怒られる〟
←
〝そんなのイヤ〟
←

〝じゃぁ、黙っていよう〟

←

〝それに、○○ちゃんだって悪い（自分だけが悪いわけじゃない）〟

←

〝むしろ、グズグズしていた○○ちゃんのほうが悪い〟

子どもたちは、このようなロジックをつくり、自らを信じ込ませようとするはずです。そのため、トラブルが表面化した後になって教師がいくら説諭しても、子どもは内心では納得しない（そうしたいと思っていても、できなくなっている）のです。

これは、反抗心ではなく、自己防衛意識です。道徳的に「悪い」「間違っている」という価値判断が、子どもの言動を縛ってしまうのです。

では、イメージ②だとどうでしょう。

〝このままでは自分は成長できない〟

←

〝でも、○○ちゃんとは仲よくできそうにない〟

←　〝どうすればいい？〟

←　〝だれか（たとえば、先生）に相談してみる？〟

このように、たとえ悪い状況になっても委縮することなく、むしろ課題解決への意欲につながる可能性を期待できるようになります。なんらかの意思決定を行う際に、善悪や正誤の価値判断を関与させる必要がないからです。

とはいえ（イメージ①であれ②であれ）、トラブルが起きるときは起きます。

最初のうちは「〇〇ちゃんが好きじゃない」と内心感じている程度。それが、ちょっとしたことが引き金となって（負の感情が前に出てきて）手が出てしまうこともある。あるいは、最初は陰口程度。それがエスカレートしていじめに発展してしまう。

このとき、イメージ①であれば、「〇〇ちゃんのほうが悪い」とお互いに責任をなすりつけ合ってしまうでしょう。お互い「自分は悪くない」と自分を守ろうとするから、表面上謝っていても、心のなかはずっとザワザワしてしまう（火種がくすぶりつづける）のです。

これに対して、イメージ②であれば、〝このままでは自分は成長できない。だったら、い。どうすればいい？〟といった課題意識に置き換えることができるので、建設的な話し合いにもち込みやすくなります。つまり、「自分たちが成長すること」を、学級を形成する中心軸に据えていて、それが子どもたちの間で共有されていれば、仮にトラブルが表面化したとしても、ボヤ程度で鎮火することができるという考え方です。

これは、ひとつの例にすぎませんが、なにかしらのトラブルに対して、同じように教師が説諭しているのに（周囲からはそのように見えるのに）、一方は炎上し、他方は鎮火する理由のひとつがこんなところにもあるのだと思います。

教師としてどのようなメッセージを送るのか、それはなぜかということを、子どもたちの日常に落とし込んでいく。それが、トラブルを未然に防ぐ（自浄作用の働きやすい）学級になるかの分かれ道になるのではないかと思います。

では、こうしたことをどのような観点から考えればよいのでしょうか。それは、「子どもをどうとらえるか」という教師としての「子ども観」です。

私の場合は、（少なくとも小学校段階においては）「悪いことをしたい」「友達とトラブルを起こしたい」「クラスメイトと仲悪くなりたい」などと思っている子はいないという「子ども観」を指導の根本に据えています。

逆にもし、〝この子はこういう子だ〟〝前にもそうだったから、またするはず〟〝そもそも家庭に問題があるから、担任にはどうすることもできない〟という考えが、意識の根っこにあると、無吟味に教師としてよいと思うこと（道徳的規範）を押しつけてしまうでしょう。

そうであれば、（表面に出すかどうかは子どもにもよりますが、少なくとも内面では）〝先生が押しつけてきた〟と子どもは受けとめ、教師に対して反発心を抱きます。同じような状況を自分の身になって考えれば、大人だってそうだと思い当たるのではないでしょうか。

子どもの指導に当たるうえでの考え方しだいで、普段子どもに対して何気なくかけている言葉、子どもの話の聞き取り方、トラブルを解決しようとするときの方法が、まるっきり変わってくるのだと思います。

たしかに、教師としてのこだわりは大切です。しかし、それがなんのためのこだわりなのか、だれのためのこだわりなのかを常に自問しつづける必要があります。第一、自分の「子ども観」のほうを変えるだけで、致命的なトラブルに発展せずに済むのであれば、はるかに楽です。

このように言うと、「低学年あたりであればそうかもしれないけど、高学年になるにつれてそんな簡単にはいきませんよ」とおっしゃる方もいます。しかしこの場合、子どもの発達段階はそれほど重要な要素ではないように思います。教師として「自分の考えを前面に出すのか」「それとも出さないのか」「出すとしても、どの程度か」など、いわば抜き差しの問題だと思うからです。

私は、もともと自分の考えをあまり出さないタイプの教師です。だからといって「出さないほうがいい」と決め込んでいるわけでもありません。結局のところ、教師の個性と子どもの個性双方のバランスに応じて「出しどころ」と「出す程度」を変えるということです。

教育現場ですから、「だめなものはダメ」と頭を抑えつけないといけない場面は、たしかにあります。しかし、日常の学校生活において、そこまでする場面はそれほど多いわけではありません。

教師だって人間です。日々の現実的なやりとりを通して〝この子はやっぱり…〟〝どうせこの子は…〟などと感じてしまうことはあるでしょう。しかし、それは単に「自分にはそう見える」というきわめて主観的な話です。本当にそうなのかは、その子にしかわかりません。

もし、教師としての自分の正当性を担保するために、自分の理屈に合いそうな事実ばかり拾ってしまうのだとしたら、（たとえそこに一定の合理性や正当性があったとしても）、「その子がそうではない瞬間」（その子が自分の知らない輝きを見せた瞬間）に気づけなくなってしまうと私は思います。

これは、教師の見取り力の問題では必ずしもありません。ふだん日常的に目にしている行動や言動の積み重ねが生み出してしまう、その子への一面的な先入観の問題なのだということです。

## どうやって先入観を払拭するか

端的に言って、「子どもや子どもを取り巻く周囲の事象を、（可能な限り）ゼロベースで見るように意識すること」に尽きると思います。しかし、自分をその精神状態にもっていくのはなかなか至難の業、本当にむずかしい。

いままでも、学級でなにかあるたびに〝ここで一発、声を荒立てて叱ってしまえば、一瞬で鎮まるんだけどな…〟と思うことはたびたびあります。実際、昔はそうしていました。それが正しいと思っていたわけではないのですが、そうせずにはいられない心情がありました。しかし、いまはそうしないように努めているし、ある程度はできるようになってきたと思います。なぜなら、そのほうが結果的に楽だと学んだからです。

トラブルの火種が大火に変わってしまったら、本当にたいへんです。日常の業務とは比較にならない時間と労力とプレッシャーがかかります。なにより精神的にこたえます。私はストレスに弱いので、頻発すれば私のメンタルは耐えられないでしょう。

繰り返しになりますが、学級での子ども同士のちょっとしたトラブル（意見の対立からはじまった口げんかなど）が起きたとき、「お互い悪かったね。じゃ、握手して終わりにしよう」といった指導は、問題を先送りする対処療法の典型です。お互い納得していないわけですから、双方ともに内心、謝らせられたとしか受け取りません。

ですから、「納得できないのであれば、別に謝らなくていい」と私は考えているし、子どもにもそう伝えます。その代わりに、「どのような理由で、その行動をとるにいたったのか」を問うたり、「謝らないでいるとこの先、どのような不利益があると思うか」（仲直りできず、一緒に遊べなくなるなど、気まずいままとなってしまう未来の可能性）を想像させたりした後で、「あとは自分はどうすべきか考えてごらん」などと促して終わりにします（この方法がうまくいく確度を上げるのがコーチングです。第3章で触れます）。

こうしたやりとりであれば、無理に謝らせる必要がないので、不用意に子どもを追い込まなくて済みます。さらに言えば、「教師に言われたから謝る」ではなく、（言葉にして謝るかどうかはさておき）「自分のとった行動は本当に正しかったのか」「たとえ、正しかったとしても、このままでいいのか」と子ども自身が自問自答できるチャンスとなります。

お互いに非があるときや、どちらとも言えないといった場面では、こうした曖昧なグレーゾーンを残した割り切りのほうがよい場合もあるということです。

## 目標設定シートの活用

冒頭で紹介した「自分を成長させる」ことの重要性を意識するようになったのは、10年以上前のことです。

そのころ、（初任者として赴任した学校での8年間）私はミニバスケットボール（以下、「ミニバス」という）部の顧問を務めていました。きっかけは、担当していた先生が異動される関係で指導者を見つけようとしていた保護者からの要請でした。おそらく「新しく若い先生が入ってきたので、どうにかやってもらいたい」といった感じだったのだと思います。

でも、バスケどころか、（体育の授業以外）球技の経験さえほとんどない私です。本当は固辞したかったのですが、「とにかくお願いします」と押し切られてしまいました。

部員は4年生以上で、50人ほど。お手伝いしてくれる先輩もいましたが、基本的には私一人のワンオペ指導です。最初のうちは、本当に嫌々だったのですが、振り返ってみると、この部活動での経験が、後の「子ども観」と「指導観」を形成する土台となったように思います。

とはいえ、当時の私は球技が苦手で、なんの知識もありません。そこで、とりあえず〝勉強しなくちゃな〟と思い立ちました。バスケ関連の雑誌を片っ端から定期講読したり、専門書を読んだり、指導者向けのDVDを買ってきて視聴したりしたのです。

しかし、本やDVDだけでは、具体の指導をうまくイメージできません。そこで、全国大会で活躍するトップ層の選手たちのゲームを見に行くことにしました。そして、試合の合間をねらい、勇気を出して都内の強豪チームの監督に声をかけてみたのです。

「はじめたばかりで右も左もわからず困っています。もしよかったら教えてもらえませんか」とお願いしてみたところ、「じゃ、うちの練習、見に来なよ」と言ってくださり、後日その学校の子どもたちの練習風景を見せてもらうことができました。

そのおかげで、どんなふうに練習すればよいかなど、自分なりにイメージすることはできたのですが、それだけでうまくいくほど、部活動の指導は甘いものではありません。

（働き方改革が進む現在ではあまり推奨されることではないかもしれませんが、当時）私が顧問になった1年目は、実に年間100近い試合をこなしていました（土日での対戦だと1日3試合ほど行います）。それだけ試合をこなしていたのに、勝てたのはたったの3回だけ。それこそもう負けつづけです。2年目も似たような結果に終わりました（子どもたちも私も、よく心が折れずにがんばれたなと思います)。

そのころ、内心では〝勝てないのはしょうがないよな〟とも思っていました。運動ができる子たちは1年生のころから、地域の少年野球やサッカーチームに所属していて、ミニバス部に入ってくるのは、いずれも運動があまり得意ではない子たちばかりでしたから。

それが3年目になって、いきなり勝てるようになったのです。

その牽引役を果たしてくれたのが6年生でした。その子たちは、私が顧問になった年に入部してきたときの4年生です。つまり、4年生からはじめた子どもたちが、6年生になって突然結果を出せるようになったのです。

技術的な積み上げもあったはずですが、それよりも大きかったことがあります。それはメンタルです。「これだけ練習してきたんだから、次こそはきっと勝てる」と子どもたちが自分の力を信じはじめたのです。それが快進撃の狼煙となりました。

実は、勝てるようになるまでの2年間、子どもたちにみっちりやらせていたことがあります。それは、目標設定シートへの記入です（資料1）。

「いつまでになにをめざしたいのか」「そのために、日々なにをするか」を子どもたちに書いてもらい、私はコメントを書いて渡します。このやりとりを週1ペースでずっとつ

## 資料1　目標設定シート（小学生アレンジ・バージョン）

**ICHIDAIミニバスケットボールクラブ**　　**強くなりたいなら 本気で取り組もう**　　**長期目標設定用紙**

| | | | | | |
|---|---|---|---|---|---|
| 名前 | | 今日の日付 | | 目標達成期日 | いつまでに？ |

| | | |
|---|---|---|
| 目標を達成するための ボランティア | （家庭でできるボランティア）<br>1年間どんなときもやりつづけることを書く。 | （ミニバスでできるボランティア）<br>ミニバス中にできることを書く。 |

| | |
|---|---|
| 競技成績目標 | （最高の目標）　1年間の中で一番の目標を書く　（例：ファイナルカップ優勝） |
| | （中間の目標）　最高の目標のために、到達しなければいけない目標を書く　（例：） |
| | （絶対達成できる目標）　最高の目標を達成するために、絶対にやらなければいけない目標を書く　（例：1試合で平均10点取る） |
| | （今回の目標）　書いた日付から、達成期日までに取り組む目標<br>（例：毎日家の前でステップバックを10回行う。）　※いつ、どこで、どのくらい |

| | |
|---|---|
| 目標より得られるいいこと | （例：努力する習慣を身につけられる。これまでの努力が認めてもらえる。<br>有名になれるなど） |

| | |
|---|---|
| （試合の分析）（よい試合ができたときの心・技・体はどんな状態だった？）<br>（例：絶対に勝ってやるという気持ちがあった。アップが十分にできて体が動いた。） | （試合の分析）（悪い試合になったときの心・技・体はどんな状態だった？）<br>（例：勝てないかもと不安だった。パニックになって何もできなかった。） |
| （強豪と戦ったときに予想される問題点を一つ）<br>（例：はじまる前から気持ちで負ける。1対1で勝てない）→ | （解決策）<br>（例：セルフトークで気持ちを高める。スクリーンなど2対1の状況で戦う） |

自分にとって、チームにとっての一番の課題や今後伸ばしていきたい所は？　どんな選手になりたい？

（例：○月○日までに必ず△△△ができるようになる。△△ができる選手になる）
→そのために具体的な行動を考える。

4月30日までに必ずドライブからのジャンプシュートができるようになる。そのために、ミート、シュートポケットにボールなどができるようにする。）

| | | | |
|---|---|---|---|
| 上の目標を達成するための具体的な行動（課題を具体的に。必ずやりきること。） | | | （期日） |
| (1) 私は　　　　を1日に　回　　に行う。 | ／ | (2) お風呂でフォームの確認をする。 | ／ |
| (3) ジャンプミート、スライドステップをそれぞれ10回、毎日行う。 | ／ | (4) 1対1で必ず体を当てて、レイアップが無理なときはステップバックを必ず使う。 | ／ |

| | | | |
|---|---|---|---|
| 成功へ導く決意表明 | 自分がやらなきゃ誰がやる | セルフトーク | 自分は日本一うまい。シュートを決める。自分を信じろ。 |
| 最高の状態にするために | ストレッチ、アップ、丹田、セルフトーク、作戦の打ち合わせをする。 | **今回の評価は　　でした。** | 6→S　5/4→A　3→B<br>2・1・0→C |

づけていました。この取組が、勝率アップにつながったのではないかと思います。

この試み、私のオリジナルではありません。ある中学校の先生から教わったノウハウです。陸上部を全国レベルに引き上げただけでなく、校内の荒れを沈静化させ、学校を立て直した方でした。その方は現在、教育研究所のコンサルをやっているそうですが、かれが作成した目標設定シートを小学生バージョンに書き換えて活用してみたのです。

## 「学習の個性化」を保障する学習環境デザイン

それともうひとつ、徹底して取り組んでいたことがあります。それは、学習環境デザインです。一人ひとりが課題をもって練習に取り組めるような練習風景をつくる取組にチャレンジしていました。

この練習方法を考えるきっかけを与えてくれたのが、デューク大学（アメリカ）のバスケットボールクラブの練習風景でした（DVDで視聴）。

チームのウォーミングアップの様子ひとつとっても、一方通行ではなく、同時並行で入り混じりながら走っている…とにかく選手によって、傍目にはやっていることがバラバラなのです。

最初のうちは、向こうの選手は個人主義だから、自分の好き勝手に練習メニューをこなしているんだなと思っていました。しかし、実際はそうではありません。かれらが意識していたことは、練習空間（学習環境）を十分に生かし、自分の課題に応じて体を動かしていたのです。そのため、だれかの練習をただ見ていたり、順番待ちをしていたりしている選手は一人もいません。〝これは、私たちの練習方法とは根本的に違うな〟と思い直しました。

日本の部活動では、（最近はいろいろな工夫がされていると思いますが、おおむね）最初にストレッチ、次に軽くランニング、その後にパス交換の練習やシュート練習など基礎的な練習を行い、最後にゲーム形式の練習して終わりというメニューを、みんなで一斉にこなしていく、という形式が多いのではないでしょうか。

私自身も、なんの疑いもなくそうしていました。しかし、DVDを視聴した後に、改めて自分の部員の練習風景を観察していると、ボーッと順番を待ちつづける時間、ほかの子の練習をただ見ているだけの時間が生まれていることに気づきました。

その時間は、みな練習に参加しているようでいて、実はなんの練習にもなっていなかったのです。デューク大学の練習風景とは対照的で、自分たちの練習はとても効率的・効果的とはいえない。そこで、〝**みんなで一斉に同じことをやる**〟ということをやめることにしたのです。

実際に練習方法を切り換えたところ、しばらくして子どもたちの動きが、まるで別物になっていることに気づきました。

一口にシュート練習と言っても、子どもによって課題はさまざまです。下半身から上半身への力の伝え方がうまくいかない子、シュートするタイミングがつかめない子（ステップが苦手な子）、力みすぎてしまう子、もともとできていたフォームが崩れてしまった子、などなど。

このときもし、練習メニューが、順番にボールを受け取ってシュートしてみるという場しか用意されていなければ、すでにある程度のフォームができあがっている子にとってはよいのでしょうけど、そうでない子にとっては、効果的な練習になりません。課題が異なる以上、なにを重点的に練習すればよいかも違うはずだからです。このことは、パスの練習、ドリブルの練習、守備の練習など、すべての面で同様です。

そこで、次のように練習風景（学習環境）をリ・デザインしました（資料2）。

- 4つのゴールごとに体育館を4つのエリア（区画）に分ける。
- エリアごとに練習内容を設定する（シュート練習をするエリア、ドリブル練習をするエリア、パス練習

**資料2　ミニバスにおける学習環境デザイン**

[エリア①] シュートの基礎を学びたい

一人ひとりがポイントを押さえながら、友達や先生にシュートのフォームチェックをしている様子

[エリア②] シュートを成功させたい

友達にパスをもらって、シュートを打っている様子

[エリア③] 1on1で相手を抜きたい

友達からアドバイスをもらいながらドリブルする様子

[エリア④] 2on2でチャンスをつくりたい

実践形式に近い形でパスを受ける様子

※体育館の壁に上達するためのコツを書いたプリントを貼りつけておく。子どもたちはそれを見ながらポイントを確認して練習する。ポイントはわかっているので、同じエリアにいる子どもたちが、プレーしている友達にアドバイスを送るなど、子どもたち同士で教え合う場面が生まれる。教師である私は、困っている子どもがいないか各エリアを見て回る。

をするエリア、ディフェンスを練習するエリアに分けるときもあれば、シュート練習を細かな課題ごとに分けてエリアをつくることもある）。

●子どもたちは、自分の取り組みたい練習内容を選択する（その際、私一人で4箇所すべてを見ることはできないので、練習内容ごとのポイントを記した紙を渡す、もしくは壁に貼る)。

●各エリアに分かれて練習をスタートする。

●1つの練習の所要時間は15分間とし、時間が来たら再び自分の取り組みたい練習内容を選択して該当するエリアに移動する(エリアごとにグループ編成して一斉に移動するのではなく、シャッフル。自分の課題に応じて部屋を移動する子もいれば留まる子もいる)。

このサイクルをローテーション制にして回していきます。たとえ、その場に私がいなくても、大事なポイントさえ子ども同士で共有できていれば、ある程度の質を維持しながら、異なる4つの練習を並行して行うことができます。

この方法が、本当にうまくはまったように思います。ただ、こうした練習意図を知らない者から見ると、私たちの練習風景は個々バラバラで、統一感もなく成り行き任せでやっているかのように見えていたかもしれません。

＊

最初のころは区の大会でも1勝すらできないチームでしたが、最終的には江東区の大会で準優勝、東京都の大会でもベスト16までいくことができました。

実をいうと、勝てるようになったのには、もうひとつ大きなきっかけがあります。それは、強豪チームとの練習試合に勝てたことです。

ある区の選抜チームから声がかかり（「練習試合しましょう」ともちかけられて）出向いていったときの出来事でした。終了のホイッスルが鳴ったとき、私は泣きました。その様子を見ていた子どもたちは、「ぼくたちは泣いてないのに、先生が泣いている」と笑っていました。

私にとって本当にうれしい出来事でしたが、そこから一気に変わったように思います。といっても、涙を流した私の姿を見て子どもたちが奮起した、ということではありません。強豪チームに勝てたという事実が、子どもたちにとって本当に大きかったのです。あの瞬間、子どもたちのなかでなにかが変わった、いわば**勝利者のメンタリティが生まれたのだ**と思います。

かれらがもし、「どうせこんなの偶然だ。次にやったら勝てやしない」と感じていたらどうでしょう。きっとそれ以後も負けつづけていたのではないかと思います。勝利者のメンタリティは、小学生でもあるんだなと強く感じます。

このメンタリティの連鎖は、下級生にももたらされました。勝利している上級生の姿を見ていて、〝自分たちだって勝てるかもしれない。いや、きっとできるはずだ〟という意識が芽生えたのだろうと思います。

# 学習環境デザインが有効なのは授業も同じ

ミニバスで取り組みはじめた学習環境デザインですが、この手法の有効性は部活動だけにあるわけではないと気づきはじめました。体育の授業はもちろんのこと、教室での授業であっても通じるのです。運動会といった学校行事であっても同様です。そんな汎用性があることを知ったのです。

体育の授業であれば、身体的な運動量に着目します。最初のころのミニバスの練習と同様、ゲームをしている子どもたちの傍ら、その様子をただ眺めている時間があるとすれば、その子たちの運動量はゼロです。この運動量をいかにして底上げするか、適切に学習環境をデザインすることができれば可能となります。

逆上がりであれば、得意な子は「よりきれいに回る」、あるいは「早く回る」という課題を設定する、回れない子は、友達同士補助し合いながら回れるようになる課題を設定する、それを並行して行うようにすればよいということです（資料3）。

教室での授業もそうです。授業を参観していると、〝学級のほとんどの子どもたちの思考がフル回転しているな〟と思える授業もあれば、だれかの思考が回転している間、ほ

**資料3　体育の授業における学習環境デザイン**

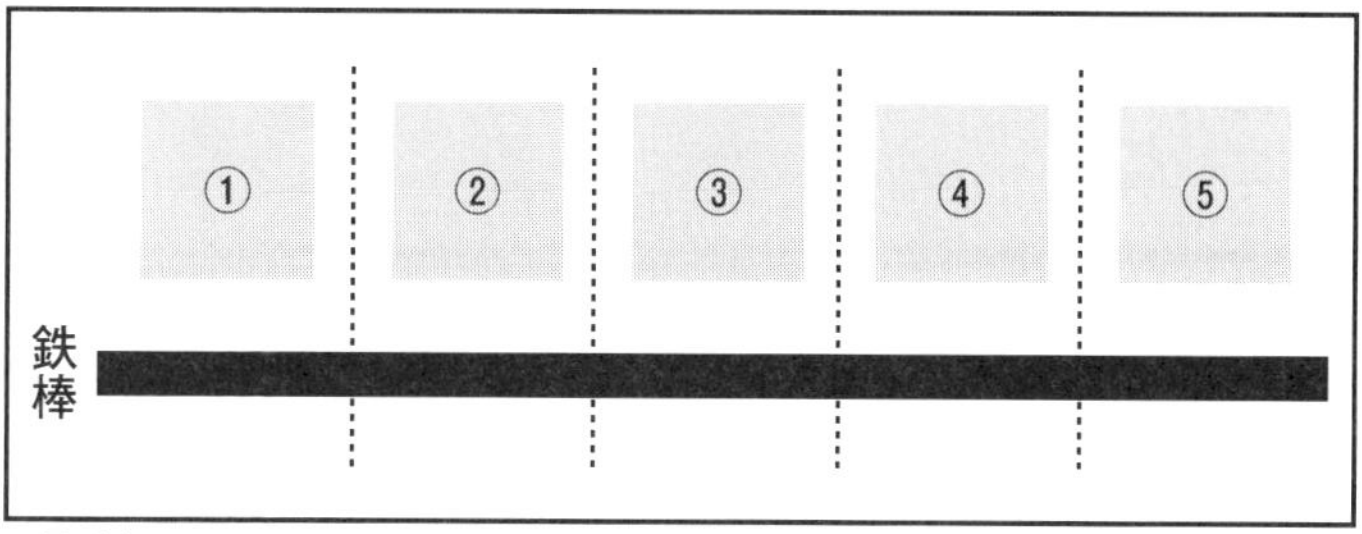


※子どもたちはそれぞれ、ポイントが書いている学習カードをもっている。
①同じ課題の子どもたちが互いに逆上がりを見せ合いながらアドバイスし合うグループ
②逆上がり練習機を使って蹴り上げの練習をしているグループ
③ダンゴ虫運動をしているグループ
④補助なしで逆上がりを練習しているグループ
⑤空中逆上がりを練習しているグループ

かのすべての子どもたちの思考がアイドリング状態（さらに悪いときはエンスト状態）になっている授業もあります。こうした点に着目し、（体育の授業では運動量でしたが）教室での授業では「どれだけ自分なりに深く、広く、真剣に考えたか」その思考量を底上げできないものかと考えてみたのです。

闊達な対話をもとにして、自分なりの結論を見いだしていける授業であれば、（なにを考えているかも、考え方も別々だけれど）思考量そのものは担保されます。そのための学習環境デザインです。

ここでは、作文を例にします。書くことが苦手な子は多いものですが、一口に「苦手」といっても、どのようなことに苦手意識をもっているかに関しては個人差があります。

●自分の頭でなにかを考えるのが苦手。
●なにを書けばよいか決められない。
●構成を決められない。
●文章の書き方がわからない。
●原稿用紙の使い方がわからない。

ここでも、教室を活動ごとにエリアを分けます。そして、自分の進行状況や課題に合わせて取り組むエリアに移動します。教室内に活動や課題ごとのスペースを確保し、その活動や課題に応じて子どものほうが移動（シャッフル）するという考えです。つまり、課題を共有している子ども同士で学び合うことができ、活動が同じ子たちで協力して進められるわけです（資料４）。

**［アイデアを書き出すグループ］** 黒板の前に集まって、たとえばイメージマップを広げていく。主に私が中心となって子どもたちの考えを可視化する。

**［構成を考えるグループ］** １項目につき１枚の付箋を使う。付箋に自分の書きたいことをズバッと一言で書かせる。いくつかの付箋を［パン］―［具］―［パン］の型で並び替えさせる。並

資料4　作文の授業における学習環境デザイン

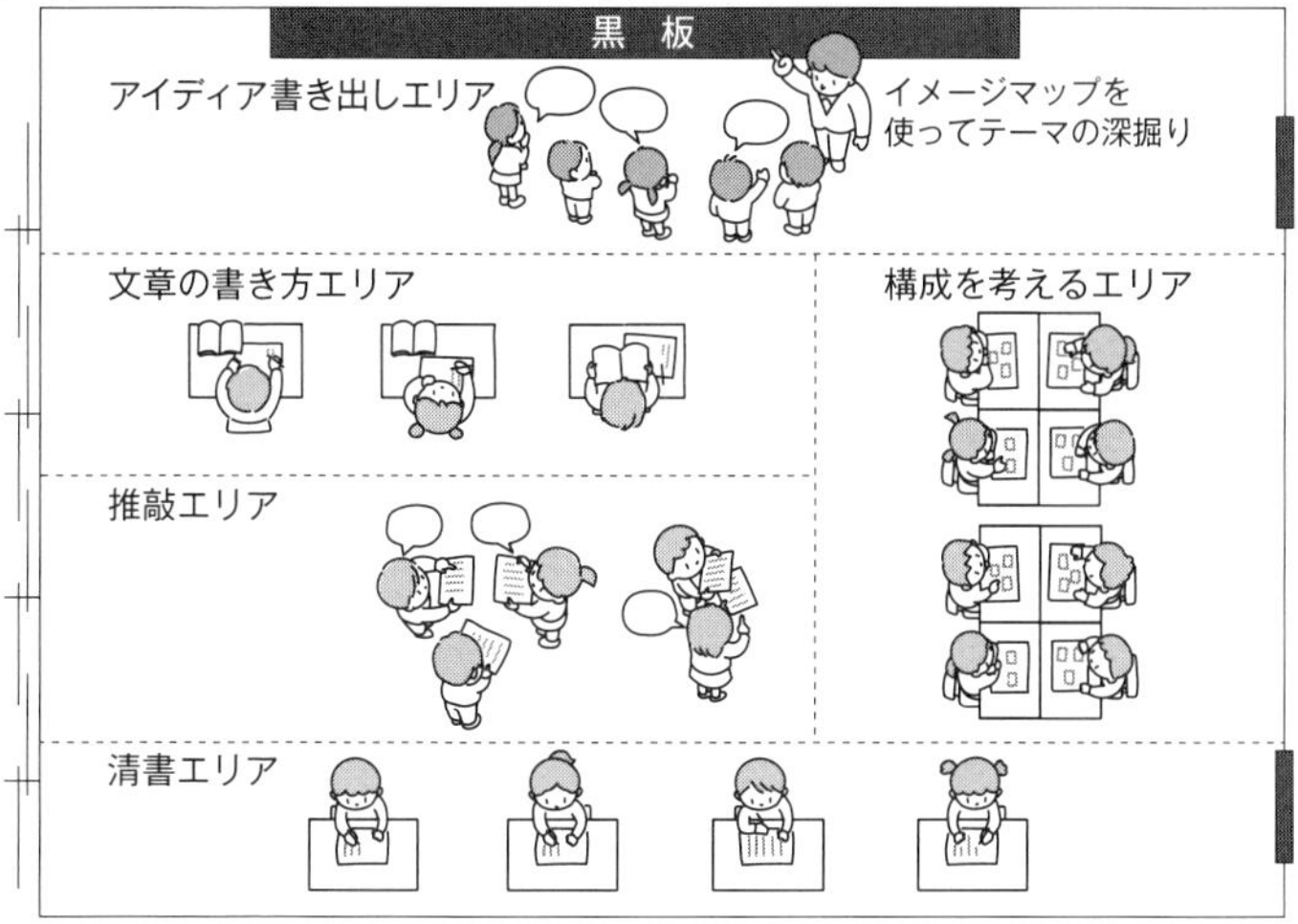


び替えたあとは、友達に「こんな感じで文章を書こうと思ってるんだけど、意見を聞かせて」と頼れるようにする。

**【文章の書き方を考えるグループ】**文章の型は基本的に教科書に載っているため、たとえば教科書の文章を基にして、自分の考えで書けるところを変更するよう促す。

**【清書するグループ】**ここは個人作業です。原稿用紙を正しく使おうとすると同じ質問が何度もされる。原稿用紙の使い方は、手本（原稿用紙の使い方）をまとめたプリントを渡しておくことで些末な質問がほとんどなくなる。それでもわからないことがあったら教師に質問するようにする。

**【推敲するグループ】**書き終えた子ども同士で作品を読み合い、言葉の間違えを指摘したり、意味のわからないことを質問したりしながら個々によりよい作品づくりをめざす。

子どもたちの抱える課題は点在しています。国語なら国語、算数なら算数など、教科によっても、子ども自身が「むずかしい」と感じていること（課題）はそれぞれ異なるはず。そうであれば、闇雲に「隣の子と話し合ってみよう」「班ごとにグループになって意見を出し合おう」と促しても、（表面上は楽しそうに対話をしているように見えても）子どもたちの抱える課題は解決されないままだと思います。だったら、同じ課題意識をもっている者同士で学び合えるようにすればいい。そう考えたわけです。

課題ごとに区切ったエリア（スペース）をつくり、自分の課題に応じて子どもが動く、この手法の有効性は作文の指導だけでなく、算数でも理科や社会でも応用が利きます。基本的に教科等を問いません。実際に実践してみて、その教育的効果は私自身をも驚かせるものでした。

とはいえ、「どの教科等でも同じようにしなきゃ」と固く考える必要はありません。「必要に応じてやればいい」くらいのゆるさで十分だと思います。現在は、学級活動でも応用できないものかと試行錯誤中。

いずれにしても重要なことは、授業中、子どもがスムーズに（流動的に）動ける仕組みを教室内につくることです。40人近くもの子どもが一斉に動くわけですから、迷子にならないように配置する必要もあるだろうし、移動先でなにをやっていいかわからないという状況が生まれないようにすることも必要です。また、1回移動して終わりではないので、今度はどこへ移動するのか見通しをもたせる工夫も必要です。

この手法が成立するためには、いくつかの前提条件が必要です。

①子ども自身が、なにが自分の課題なのかを知っている（自覚している）こと。

②授業中、教室のなかを動き回りながら同じ課題の人と集まって話してもいいという意識が浸透していること。

③相談した場合は、必ず感謝の気持ちを伝えること。

④相談された場合は、力の限りサポートすること。

⑤教師は各エリアの子どもたちの様子を見取りながら適切な合いの手を入れること（一つの課題スペースに集まった子どもは似た者同士になるから、ディスカッションが行き詰まって新しいアイデアが生まれない場合もある）。

このようなエリア別課題解決学習を進めていくと、自分たちは「どこに向かっていくのか」（自分自身の課題を知る）、「どのように向かっていくのか」（課題解決の方法を知る）学び、方を、子どもたち自身が主体的・対話的に獲得できるようになります。その繰り返しが、子ども自身が自らを成長させつづけるための礎《いしずえ》となります。

＊

さて、ここまで読まれてきてすでにお気づきの方もいると思いますが、こうした（子どもたち全体で共有する1つの課題解決を行うのではなく）子ども一人ひとり自分が課題だと思うことを見つけ、同じ課題意識を共有するクラスメイトとタッグを組み、かれらと対話しながら自分の設定した課題を解決しようとする姿、なにかに似ていると思いませんか？

そう、広義の意味での自由進度（っぽい）学習です。

つまり、右に挙げた学習方法は、２０２７年に告示が見込まれている次の学習指導要領においてキー概念の一つとなるであろう「学習の個性化」アレンジだともいえるものなのです。

もっとも、私が取り組みはじめたころには、そんな言葉はありませんでしたから、いま論じられている考え方や方法とは異なるでしょう。ですが、質的には通底するんじゃないかとも思います。

# 人も頭も動く学級にする

次が、私の考える学級づくりの根幹です。

「わからないことは『わからない』って言っていい」
「むしろ、人に頼ればいい。きっとだれかが手を差し伸べてくれる」
「自分がわかることだったら、わからない人に教えてあげればいい」
「お互いそんなふうにしていれば、困難な状況に身を置くことになっても、〝なんとかなるさ〟と思えるようになる」

4月当初、私はことあるごとに徹底して、右の事柄を子どもたちに伝えつづけます。（学習であれ、友達関係であれ）子どもたちが課題解決を自ら行える学級の風土をつくるために、どうしても欠かせないメンタリティだからです。これなくして、学習環境デザインを構想することはできません。

この雰囲気が浸透してくると、およそ5月連休明けあたりから「課題ごとに人も頭も動く」手法を講じることができるようになります（ときには手こずることもあります。夏休み近くまでかかってしまったこともありました）。

ときどき「夏休みの長い期間にいったんリセットされてしまうのではないか」という指摘を受けることがあります。しかし、（「知識」は抜けてしまうことがよくありますが）1学期中に身につけた「学び方」がリセットされることは（私の知る限り）ありません。

逆に、いつまで経っても「わからないことを口にしない（言えない）」「だれにも頼れない」ままであれば、私の学級経営は成立しません。教師がどれだけ間口を広げ、多様な学習を展開しようとしても、子どもたちのほうは小さなたこつぼの奥に身を隠したままだからです。

〝自分なりの考えを表明することに自信がもてない〟

〝周囲からも求められていない〟

〝むしろ許されない〟

こんなオーラを纏っている子どもは、いつもおっかなびっくりというか、周囲をきょろきょろしながら、〝みんなと同じように考えなければいけない〟と思い込み、本来もっているはずの豊かな思考を停止させてしまいます。

しかし、私はどの子も頭が動き、体が動き出す学級にしたい。そのためには、「わからないと言える」「だれかに頼れる」ことが必要であり、つまるところ「自分なりのやり方で考えていい」「そのためには間違ってもいい」「間違っても、みんなが正しい方向に連れて行ってくれる」という意識が芽生えていることが欠かせません。それが、教室内によどみのない清浄な空気を運んでくれるのです。

教師ががんばるのではなく、子ども自身ががんばろうと思えるようになる。

こんな環境をつくれれば、いろいろとおもしろい学習活動を展開できるようになります。さらに言うと、そのほうが教師としてもずっと楽です。

精神的な部分もさることながら、物理的な時間のゆとりも生まれるので、無駄な残業をしなくて済みます。

## 教師である自分と子どもの時間を無駄遣いしない

朝の会、帰りの会を、長々とやっている先生がいます。おそらくどの学校にもいらっしゃるのではないでしょうか。そんな先生方を見かけると、つい聞いてみたくなることがあります。「そんなに長い時間やる意味って、なにかあるんですか？」と。

かつての同僚とこんなやりとりをしたことがあります。

「私は帰りの会で、必ず子どもたちをいい気持ちにさせてから下校させたいのよね」

「そうなんですか。そのために、なにかされているのですか？」

「この1日で、いいことがあったことを発表し合うんです」

「それは、どれくらいの時間やるんですか？」

「それはもう、子どもたちの発言が終わるまでよ」

その瞬間、〝あぁ、だからか〞と私は得心しました。このクラスではなぜ、放課後になっても、子どもたちがぜんぜん教室から出てこないのかが…。

毎日、終わりの見えない「いいこと探し」をしつづけることで、子どもたちは本当に気持ちよく下校できるのでしょうか。そうなっているのは、担任だけだったりしないでしょうか。

その日の授業がすべて終わったら、1秒でも早く帰りたくてしようがないのが子どもです。だから私の学級では、特別な用でもない限り即終わり。さっさと確認事項を済ませて「また、明日」です。

もちろん、クラスでなにかいいことがあれば、子どもたちみんなで共有すること自体はすばらしいことです。〝でもそんなの、いいことを見つけたときに、その場で言えばいいじゃん〟と私は思ってしまいます。みんな早く帰りたいモードになっている帰りの会になってから、なぜ長々と言わせたいのか、私には不思議でなりません。

それに、子どもたちにとって活発な意見交換になるのであればいいのでしょうけれど、あまりそうならないように思います。

「Aさんが鉛筆を拾ってくれて、うれしかったです、パチパチ」

「Bくんが荷物を持ってくれたので助かりました、パチパチ」

こんな調子であれば、かれらが本音で語っていないことは明白です。子どもの側が先生につき合ってあげている様子が目に浮かびます。

実をいうとある日、隣のクラスの子どもに呼び止められ、「先生のクラスって、なんでみんな早く帰れるんですか？」と聞かれたものだから、〝ん？〟と思って「あなたのクラスでは帰りの会でどんなことをしてるの？」と聞き返してみてわかったことでした。

キツイ言い方になるかもしれませんが、「早く帰りたいなんて、当たり前じゃん」という子どものリアルに気づけていない教師は、少なからずいるように思います。

そんな先生方に共通していることがあります。それは、「自分のしてあげたいことが子どものためになる」という思い込みです。その意味では、かれらは純粋に善意で行っていることなのです。

そして、（これが厄介な点なのですが）善意でやっていることだからこそ、目の前の子どもにとって本当に必要なニーズを汲み取れないのです。それればかりか、帰りの会を長々と時間をとった分、自分自身もその後にやるべき仕事がたまってしまい、帰宅する時間が遅くなります。このことも、見直してみるべき「教師の働き方」だと思います。

「授業準備の時間が十分に取れない」
「毎日、帰宅が夜遅くなってつらい」
「とにかく、時間がない」

そう口にする教師は多い。しかし、（帰りの会だけでなにかが劇的に変わるわけではありませんが）時間がないことを口癖にしている先生は、やらなくてもいいことを無駄に長くやっているふしがあります。

もちろん、教師としてやりたいことがあるのはよいことです。**問題は、教師のやりたいことが、目の前の子どもたちにとって本当によいことなのか、その見極めにあると思います。**

「夜遅くまでがんばっている私」という心情が、自己有用感につながる気持ちはわかるのですが、無駄な仕事を自ら増やした結果、子どもにいい影響が期待できないばかりか、自らも疲れ果ててしまうのであれば、デメリットのほうが上回ってしまうでしょう。

他方、安易な時短もどうかなと思います。

たとえば、退勤時間になったら有無を言わさずに退勤させる、あるいは運動会の準備期間を可能な限り短縮する、といった考え方があります。一見正しいかのように見えて、本質から外れてしまう危険性もあります。

つまり、時間を縮めること自体が目的となってしまい、これまであえて時間をかけて行ってきた仕事の目的が置き去りにされてしまうのではないかということです。もしそうであれば、それこそ本末転倒です。早く退勤させられても、テストの採点が終わっていなければその分、翌朝早く来てやるだけなのですから。

重要なのは、**子どもにとって本当にいいことならやる、そうでないならやらない、教師にありがちな余計なおせっかいは焼かない**ということだと思います。

言葉にすると、身も蓋もないかもしれませんが、教師ががんばったからといって子どもがよくなるわけではありません。そうかといって、がんばることを否定したいわけでもありません。

要は、がんばるのをやめるのではなくて、がんばりどころを焦点化するということです。

そのためにも、「子どものため」という言葉を安易に使わないほうがいいと思います。まずは、そう口にしたい気持ちをぐっと堪えて、次のように自らを振り返ってみることです。

- 子どもの顔をしっかり見る。
- 子どもの声に真摯に耳を傾ける。
- 教師の提案に対して返される子どもたちの「いいよ」の返事が、かれらの心のなかにあるものと本当に一致しているのかを想像してみる。
- 教師である自分が行っていることは「子どものため」ではなく「自分のため」であることを自覚して、本当に子どもの成長に寄与しているのかと自分自身に問う。

こうした振り返りがある程度できていれば、割と普通に退勤時間に帰れるようになります（以前は遅くまで仕事をしていましたが、現在ではなにか特別なことでもない限り、17時30分には退勤しています）。

重視すべきは、子どもとの日々のやりとりを通じて、いかにして教師や子ども同士の関係性を見取りながら改善を図っていくPDCAを回していけるかです。これこそが現場教師の考えるべきタイム・マネジメントだと思います。

もし、PDCAのうちの「C」（チェック）がうまくいっていないと、無駄に帰りの会を長引かせてしまうことにつながります。さらには、子どもの反応を適切に読めていないのだとしたら、授業もきっと厳しいことになってしまうでしょう。

**教師の仕事はどれをとっても、子どもを軸としてみなつながっています。だから、「C」（チェック）が甘いと、効果の薄い仕事に拘束されてしまう**のです。

80対20の法則（別名、パレートの法則）というものがあります。これは、「全体の成果の80％は、全体の原因のうちわずか20％によって生み出される」という法則です。私はこの考え方を知ってから、自分の仕事全体を改めて「C」（チェック）してみました。

すると、私の仕事のなかで成果を上げている20％（子どもの成長に大きく寄与していると思われる20％）は、国語と総合の教材研究、授業参観、学級通信、読書だということに気づきました。

そこで、右に挙げた事柄に最大限のリソース（時間とエネルギー）を注力できるようにするために、それまでに行っていたさまざまなことをやめてみました。すると、どうでしょう。成果が出ないどころか、全体のパフォーマンスが相対的に向上したのです。

読者のみなさんにとっての「80％の成果を上げる20％」は、たとえばどのようなものでしょうか。実際に書き出してみると、意外な事実に気づけるかもしれません。

毎年（あるいは2年おきに）目の前の子どもたちは入れ替わっていくし、それによって状況もさま変わりします。そうであるからこそ、子どもの反応を軸としたPDCAをちゃんと回していければ、余計なことに時間を割かなくても済むようになるし、子どもも教師も早く帰れるし、自分自身の意識をフレッシュにキープしておけるし、みんなハッピー。

そんなふうになれたら、いいことずくめですよね。

## 個に応じた指導は、度が過ぎると余計なおせっかいになる

子ども一人ひとりに寄り添った指導か、それとも集団全体に対する指導か、という択一的な議論があります。それに対して多くの教師は、どちらが正しくて、どちらが間違いだと決めつけることはできないし、「双方が大事だというほかない」と答えるのではないでしょうか。

それに対して私は、（語弊を承知のうえで言うと）子ども一人ひとりに寄り添う指導は、「余計なおせっかいなんじゃないか」と思うことがあります。寄り添う気持ちが強すぎると、限りなく妄想を広げてしまうように感じるからです。たとえば、次のような調子です。

〝きっとAさんは○○で悩んでいるはずだ、だから教師が配慮して□□をしなくては…。でも、それだとBくんの思いが…〟

このように〝あぁだ、こうだ〟と教師が先回りして悩んでしまう。しかし、(言うまでもなく)Aさんや B くんが教師が想像しているとおりに悩んでいるとは限りません。実のところは、なんとも思っていないかもしれません。

にもかかわらず、教師のほうが思い悩んでAさんに近づいていき、「あなたはいまこんなことで…」などと接する。すると、子どものほうはとりあえず「うん…」と言うでしょう。でも内心は〝そんなことを言われても…〟とか、〝先生が言うんだから、これはまずいことなんじゃないか〟などと思いはじめます。

その結果、〝先生に言われるまではなんとも思っていなかったけど…〟などと、教師のほうが子どもの悩みをつくり出してしまうことだってあるんじゃないかと思うのです。

子どもだって一人の人間です。いくら未成熟だからといって(教師のほうが年長者だからといって)、本当のところ、なにを感じ考えているかは、その子自身にしかわかりません。だから、**教師本位の思い込みで不用意に近づいたり、一人勝手に頭のなかであれこれ思い巡らせたりするのはやめたほうがいい**と思うのです。

そうではなく、子どものほうから、「わからないから、ここを教えて」とか、「ここで悩んでいるんだけど…」「どうしたらいいかな、先生」と言ってもらえるようにするほうがずっといい。で、実際になにか相談をもちかけられたら、そのときにはじめてしっかり子どもの思いに正対して対応すればいいのです。そのほうが、子どもの本心からズレずに済みます。

といっても、問わず語らずで、子どもからなにか言い出すのを待っていればいい（子ども任せの放任でいい）などと言いたいわけではありません。**クラスメイトからネガティブに取られかねない話題であっても、できれば屈託なく言い合える関係性をつくり上げることこそ重視すべきだということです。**そのために私は、常々次のように口にしています。

「友達から『わからないから教えて』と声をかけられたときは、たとえ授業中であっても、先生が話していても、その子のために行動していいよ」と。

## 目標は集団を結束させるコア

「なにをもって、いい学級とするのか」については、いろいろな考え方があるかと思います。

かつての私は自分基準でした。その基準に子どもが乗ってくれば褒める、外れていれば叱って軌道修正を試みるというスタンスです。言うなれば、教師がルールブック（基準）であり、アンパイア（裁定者）だという立ち位置です。

当時は、それなりにうまくいっているように思っていました。しかし、実はそうではなかった。子どもたちが私の基準に則っていたのは、私の目の届く範囲でしかなかったからです。

このことに気づいた私は、自分のやり方をすっかり変えることにしました。私の目の届かないところであっても、自分たちで適切に判断し、行動できるようにする、すなわち子ども同士で自浄作用が働くようにすることをめざしたのです。

そのために重視したのが、（教師基準ではない）子ども基準の目標づくりです。「４月の最初に、どんな学年にしたいのか。そのためにどんな学級にしていけばよいのか」について、子どもたちの意見を拾い上げ、子どもたち自身が最終的に決めることができれば、教師基準ではない、自浄作用の働く学級のコアになります。

このコアがしっかりしていれば、なにかトラブルが起きても、収束しやすくなります。「〇〇〇〇という目標は、みんなで決めたものだよね。それに対していまのみんなの態度はどう？」と問えば、（わざわざ叱ったりしなくても）「この目標は自分たちが決めたこと。だから、よくなかった（あるいは、よかった）」と心から思えるようになるからです。

あとは、「では、どうするの？」と促せばいい。自然とがんばる姿を見せてくれるでしょう。そのうえで、「じゃあ、できないことで困ったことや、協力してほしいことがあれば自分から相談してね。先生ができることは必ずやるから」とつけ足します。これを徹底してやっています。

## まずは学年目標から

（当時、勤めていた学校では）学年目標は、学年3学級すべての子ども（延べ100人）が体育館に集まって決めていました。1時間で合意形成までもっていきます。

ある年の学年目標は「心を一つにして全力で取り組む4年生」でした。

目標は、決めたら終わりにすることはありません。この学年目標がすべての軸になるので、1年を通じて、ことあるごとにもち出します。

運動会の時期であれば「心を一つにして全力で取り組むために、この運動会にどう臨む？」ともちかけます。もし、そうでない姿があれば、「いまみんなで心を一つにできていると思う？　もし、そうでないなら、どうすればいいか、みんなで話し合える？」

こうしたやりとりが功を奏すためには、その前提として目標のイメージ化を図るトレーニングが必要です。いいイメージを思い描ければ、言葉は後からついてきます。逆に、言葉で考えたことを子どもにイメージ化させるのはとてもむずかしいのです。

資料5　学年目標を考える思考ツール：ピラミッド・チャート（例）

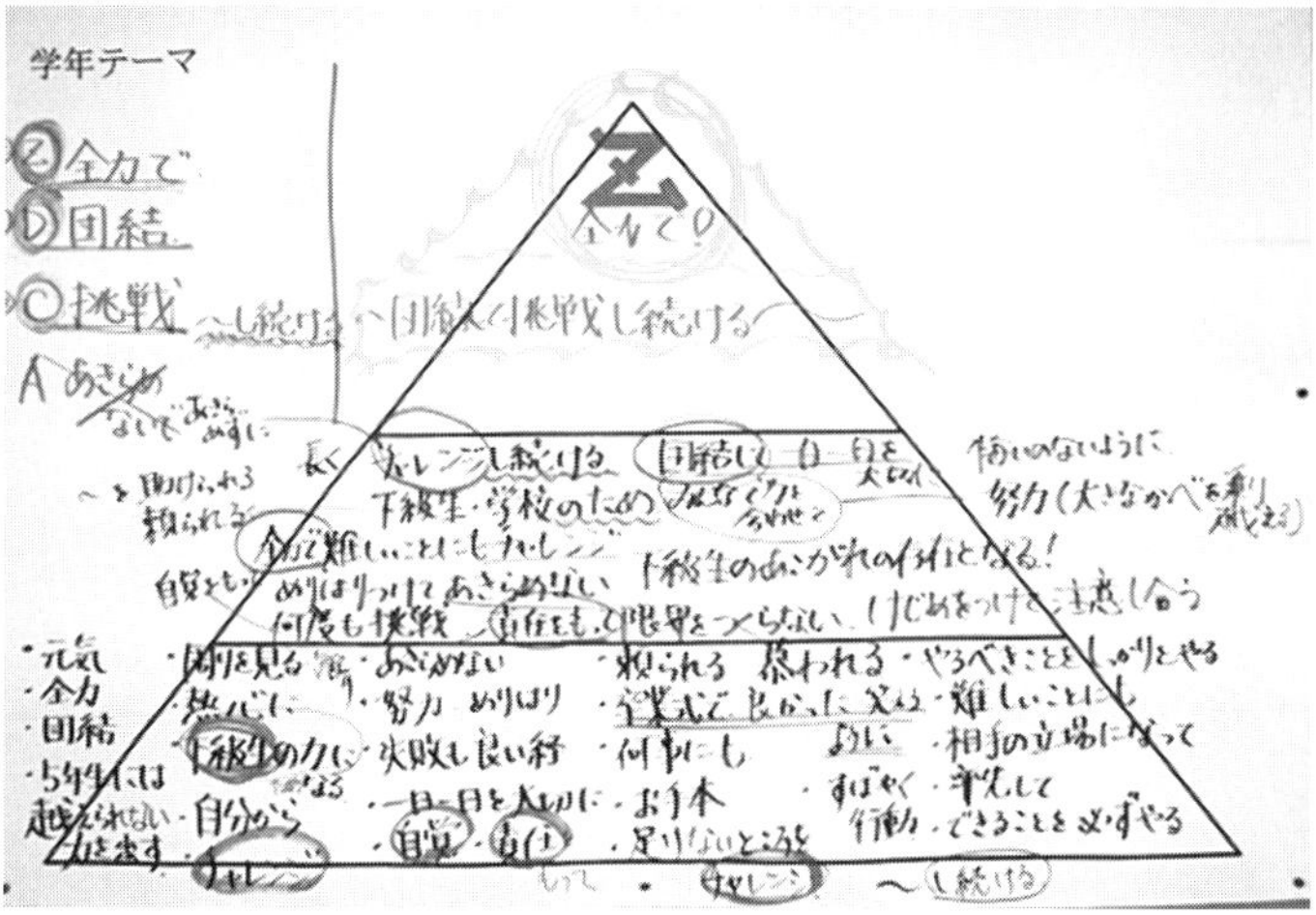


　そこで、学年の先生方がスクラムを組み、①子どもたちにいいイメージをもてるようにする、②子どもたち自身の力で連想できるようにする、③そのうえで言葉にする、という段取りで指導を行うようにします。

　このとき、目標のイメージ化を図るツールとして、私はピラミッド・チャートを活用していました（資料5）。

　まず、子どもには事前に付箋を配り、「この1年でどんな自分になりたいか」を書かせておきます。当日は、交流タイムを設け、みんなでバーッと見回って交流します。そのあと、ピラミッド・チャートを印刷した拡大模造紙に、子どもたちが書いた付箋を貼っていきます。

　次に、「いま、みんなが見て回って、『自分が大事にしたいこと』『友達が大事にしたいこと』と似たものはなんだった？」と共通点を確認します。すると、いくつかのキーワードに集約されていきます。その後、「いまみんなが挙げてくれたキーワードを成し遂げるための学年全体の合言葉（キャッチフレーズ）をつくろう」と促します。

この手順は踏むのは、次の2つの事柄を子どもたちに自覚させたいからです。

- 子ども一人ひとりがよりよい学校生活を送るためには、大事なキーワードがあること。
- キーワードを成し遂げるため、自分たちにはやらなければいけないことがあること。

最初は、（私自身うまくいくか半信半疑だったので）試験的な取組だと位置づけていたのですが、とてもうまくいきました。同僚の先生方からも「この方法だと決めやすいね」と言ってもらえただけでなく、私が担当する学年以外でも取り組んでくれる学年も現れて、だんだんと定着していきました。

# 学級目標を決める

学年目標が決まったら、次は学級目標づくりです。教室に帰ってきて「今度は、学年の目標を成し遂げるために、私たちの学級ではどうしよっか」となだれ込みます。(なにか特別な理由でもない限り)どのクラスでも子どもたちが話し合って学級目標を決めていると思います。その意図は、子どもたち自身が掲げた目標なのだから、自ら実現しようとする意識をもたせる、逆に学級目標から逸れる行動が見られたら目標に照らして自省させるといったところにあると思います。

私も基本的にはそうなのですが、それに加えて、教師である私自身の価値観をベースにして話し合ってもらいたいと考えています。そこで、毎年4月に必ず次の3点を伝え、そこから外れさえしなければどのような約束ごとにしてもらってもいいというルールにしています。

●なにごとも全力で取り組む。
●自分と友達の双方を大切にする。

### ●感謝の気持ちをもつ。

この3つの約束ごとは、私の一貫した学級経営理念であり、どのクラス、どの学年でも変わりません。

さて、ある年の学級目標は、「世界最高の4年1組」でした。「心を一つにして全力で取り組む4年生」が学年目標でしたから、桁からいうと、学級目標のほうが大きいテーマになっています。しかし、それは問題にはしていません。なぜなら、私たちの考える学級目標は、いわゆる到達目標ではないからです。学級がまとまる、よりよく機能するための合言葉（コアとなるキャッチフレーズ）なのです。

通常は、先の3つさえ押さえられていれば、どのような学級目標であってもよいのですが、この年は、どうしても「最高」というキーワードを入れたかったという事情があります。

その学級の子どもたちは前年度、私たち教師が見違えるほどの成長を遂げていました。そこで、さらにその上をめざせるような言葉が適していると思ったからです。そこで、子どもたちが特定のキーワードから学級目標を連想するように仕かけてみました。ただし、最終的には子ども自身が選択・判断した子ども基準になるようにです。

そこで私は、4月初日から、なにかあるたびに「それって、最高だよね」「最高にしたいよね」と言いまくっていました。すると不思議なもので、学級目標を決める日になって、子どもたちのほうから「最高」というキーワードが上がってきました。で、決まったのが「世界最高の4年1組」だったわけです。

いわば、流行語大賞のようなものです。子どもってそうですね。特定の言葉を繰り返しているとそれが流行りになって、多くの子が口にする言葉になります。

とはいえ、(前述の3つの約束ごとはマストですが)現在は特別な理由がない限り、この年のような私の意図を学級目標に潜り込ませることはしません。どんなキーワードにせよ、子どもたちがみな「それが大事だ」と思ってくれればよいと考えているからです。

要するに、言葉そのものが重要ではないということです。子どもたちの判断に委ね、そこに自分の考えもちょい足しするような感じでタグづけすればいいかなという程度。

それだってオマケみないなもので、教師の意図など入っていなくとも本当はよいのです。目の前の子どもたちの状況がどうあるか、そこに課題があるのだとしたら、**どこに学級の芯を通すかをしっかり見極められてさえいればいい**ということです。

いつの年でも、「大事にしたいキーワードは、子どもたちみんなが納得できるもの」「自分たちがめざしていきたい姿になる」そんなキーワードがなにかしら上がってきます。

そうであれば、いい悪いではなく、わざわざ教師の意図を入れる必要はありません。対話、付箋、ピラミッド・チャートを活用して、子どもが自分なりに考えられるようになりさえすれば託せます。いったんそうなれば、たとえばクラスメイト同士で言い争いが起きても、私は尋ねるだけです。

「いまのみんなの姿は、私たちの目標を実現する姿になってる？」

「そうではない」と言えば、「じゃあ、どうする？」と再び尋ねる。すると、子どもからなにかしら答えが返ってくる。

こんなやりとりで十分です。

**その子にとってベストな答えは、いつだってその子自身のなかにある。**だから、教師である私は、その答えが言語化されるよう、学級目標というキャッチフレーズをよりどころにして引き出せばいいと考えています。

## 成長のプロセス

（繰り返しになりますが）ミニバスでの経験をスタート・ポイントとして、だんだんといろいろなものが融合され、私なりの指導の形ができ上がっていったように思います。

もちろん、1年ごとに受けもつ子どもの様相は本当にそれぞれだから、単純な比較はできません。しかし、そんななかでも手ごたえを感じるようになっていきました。とくに、子どもの自ら学習に向かおうとする力が向上したと思います。

過去を振り返ったとき、初任のころと決定的に異なると感じることがあります。それは、教師である私の意識です。

**【初任～9年目までの私の意識】** 教師である私が「こうしたい」「こうしよう」と積極的に働きかける教師主体の指導

←

**【10年目以降の私の意識】** 教師としての思いは胸の内に秘めておき、子どもの側から「こうしたい」「こうしよう」と言い出せるようになる仕掛けを重視する指導

たったこれだけのことなのですが、学習に対する子どもたちの意欲は飛躍的に伸びたように思います。現在は、子どもたち自身の「こうしたい」という思いが「指導の型」にプラスされることで、学び方にしても、学ぶ内容にしても、子ども発になっていると感じます。

以前、私が3年生を受けもったときにAくんという男の子がいました。「授業中、座っていられない」「勉強は一切しない」「宿題もやってこない」「そもそも学校に来たくない」という子です。

保護者とはこまめに連携をとって対応しました。1学期は目立った変化は見られず、夏休みが終わった後から少しずつ学習に対する意欲が出てきました。発言することも増え、友達とのかかわりも良好になるまでになります。

ちょうどその翌年、学級も私ももちあがりだったので、新年度の教室にはAくんがいます。2年生までのAくんしか知らない人が見たらまるで別人だと思うかのような変わりぶり。3年生での成長、そして4年生になっていっそうギアが上がった感じです。「忘れ物などしない」「提出物は期限までにもってくる」「宿題もすべてやってくる」など、本当に人が変わったような変身ぶりでした。

ただし、学力面の壁は高い。保護者も「先生、勉強はその…いいですから…とにかく授業さえちゃんと受けてくれれば…」という感じでした。そんな受け止めの子が、算数のテストではじめて満点取った。そのときの喜びは、単に満点だったという事実以上のなにかを、子どもと保護者にもたらしたのではないかと思います。

その様子を見ていて、〝本当に成長したんだなぁ〟と感慨深かったのですが、このような変容は、「型」だけは生まれなかったように思います。以前の指導観であれば、とにかく支援はするけど、夏休みを過ぎてもなにも変わらなければ、〝そういう子なんだな〟と見切りをつけていたでしょうから。

もちろん、なかには変わらない（変われない）子もいます。しかし、Aくんは本当に大きく伸びました。市区町村単位の学力調査で1問しか解けなかった（そもそも解こうともしなかった）Aくんがアベレージ付近まで辿り着くことができたのです。

いまある能力をより向上させていくことが成長だと仮定するならば、成長するためには一定以上の負荷がその子にかかります。その負荷に耐えながら前に進もうとするには推進力が必要です。それには、自分の内面を変えるだけではむずかしく、次に挙げるようなプロセスを必要とするように思います。

- 「おもしろそうだ」「とにかくやってみたい」「自分にもできるんじゃないか」と好奇心や思いや願いをもつ。
- その子の描いた思いや願いが周囲の人たちに受け止めてもらえる。
- 周囲の受け止めを足がかりにできれば、次の勇気ある一歩を踏み出せる。
- こうした自分の意識と周囲の受け止めが連動するような行動の弾みと継続性が生まれたと

き、成長のポジティブ・スパイラルが働きはじめる。

一口に成長といっても、いろんな成長があるのだと思いますが、成長するプロセスには、右に挙げた共通性があるような気がします。

Aくんの場合には1年かかりましたが、（たとえ、その歩みは人より遅くとも）間違いなく成長のプロセスを、かれなりに駆け抜けたのだと思います。

すっかり変身してしまった4年生のAくんは、毎日、毎時間、授業で発言していました。これは、間違いなく周囲の子どもたちのおかげです。

ただ肝心の私のほうは、授業中のかれの発言の意味が（なにを言おうとしているのか、恥ずかしながら）理解できないことも、たびたびありました。そもそも、授業で話題とされている中心テーマとはズレた言動が多いので、〝弱ったな、発言してくれるのはいいのだけど、どう拾ってあげたらいいのだろう〟と困惑していたのです。

しかし、そんな私の内心とは裏腹に、周囲の子どもたちは、Aくんの言動をそういうもの、として受け入れていました。

といっても、「Aくんだから、しようがないもんね」といったあきらめや、「Aくんにはなにを言っても…」といった上から目線の受け止めではありません。「Aくんの言いたいことって、きっとこうなんじゃない？」と翻訳してくれたり、「Aくん、それちょっと違うんじゃないかな」と誤りを指摘してくれたりする受け止めだったのです。ときには「Aくんのその意見、すごくない？」なんて声も…。

休み時間に一人「ぼくって、もしかしてすごいのかな…」そう小声でつぶやいていたAくんの姿が忘れられません。

「なにかを一生懸命やる」ということへの最終的な価値づけは、（だれがなんと言おうと）その子自身にしかできません。そして、その価値づけは、周囲との関係性と切り離すことはできないのだと私は知りました。

厳しい状況にある子であろうとなかろうと、**だれかの背中を押し、押された子も押し返してくれる、そうした連鎖がどの子にも必要である**と私は思います。その積み重ねによって、お互いに成長し合おうとする、やわらかな風を学級に運んでくれるのです。

そう考えれば、その背中を押してあげるのは、なにも教師でなくていいんだと思います。むしろ、たいして仲よくない子から背中を押してくれる（自分の言葉を拾ってもらえる）ことのほうが、ずっとうれしいときだってあるのですから。

# 1週間の「やったことリスト」

前述のAくんのように、「生活習慣を改善しないとだめ」「学力が厳しい」、あるいは「トラブルが絶えない」といった子は、どの学級にもいると思います。しかも、そうした子たちは家庭でもむずかしい状況に置かれていることが多いので、「家で改善してみよう」「宿題をがんばってみてね」と声をかけつづけているだけでは、なにも改善されないことのほうが多いと思います。

しかし、どんな子どもでも、（あえて言葉にはしなくても）自分なりの「なりたい自分」を心に秘めています。理想像というほど大仰なものではなく、「きれいな字を書きたい」とか、「逆上がりができるようになりたい」といったレベルの「なりたい自分」です。この自分像の実現に向かって、自分なりにどうすればいいかを考え、行動に移そうとしていると思います。

しかし、現実にはなかなかうまくいかない。それはなぜか？　日々のやるべきことをこなすのに手いっぱいで、「なりたい自分」になるためのアクションを起こす時間がない、そもそも自分には能力が足りないと思い込んでいるからです。

**資料６　１週間の「やったことリスト」**

名前（　　　　　　　）

どんな自分になりたいか【　　】

| 時刻 | 月 | 火 | 水 | 木 | 金 | |
|---|---|---|---|---|---|---|
| 5:00～ | | | | | | 5:00～ |
| 6:00～ | | | | | | 6:00～ |
| 7:00～ | | | | | | 7:00～ |
| | 学校 | | | | | |
| 15:00～ | | | | | | 15:00～ |
| 16:00～ | | | | | | 16:00～ |
| 17:00～ | | | | | | 17:00～ |
| 18:00～ | | | | | | 18:00～ |
| 19:00～ | | | | | | 19:00～ |
| 20:00～ | | | | | | 20:00～ |
| 21:00～ | | | | | | 21:00～ |
| 22:00～ | | | | | | 22:00～ |
| お休みなさい　10時にはお布団にはいりましょうね♪ | | | | | | |

そこで、「本当にそうなの？　時間が足りないのが理由？」を検証するためのツールとして考えたのが、１週間の「やったことリスト」です（資料６）。子ども自身が、実際にどのような生活を送っているのかを見える化し、それを一緒に見ながら具体的にアドバイスをする方法です。たとえば、「この時間が空いているよね。ここで宿題ができるんじゃない？」という案配です。

「やったことリスト」を書かせる要領は、次のとおり。

●１週間を一区切りとして自分が行ったことを「やったことリスト」にまとめる。

●具体的には、月曜から金曜までの時間の枠がある表を使い、「テレビを見た」「宿題をやった」「習いごとに行った」という自分の行った事実を端的に書き込む。
●学校にいる時間は書き込まない。
●リストは、毎日家に持って帰って書く。

その日は何時に起床してご飯を食べたのか、学校から帰宅したら、寝るまでの間にテレビを観たりゲームをしたりしたなど、なにを行ったかを表に書き出し、1週間分のリストにまとめるわけです。

これは、自分がすでにやったことをまとめるリストなので、「ToDoリスト」とは異なります。言うなれば、（言葉としてはおかしな表現ですが）ToDidリストといったところでしょうか。

書かれたことに対する自覚化を図ることで、「やったことリスト」を書くことを日常化し、最終的に全体の生活習慣を変えられるようにもっていくわけです。

このリストができあがったら、自分の生活全般を改めて振り返らせます。すると、必ずと言っていいほど生活上の課題が見つかるので、その子自身の改善すべき点が明確になります。

**資料7　夢を叶える時間割（資料6を書き換えるものなので形式は同じ）**

名前（　　　　　　）

どんな自分になりたいか【　】

| 時刻 | 月 | 火 | 水 | 木 | 金 | |
|---|---|---|---|---|---|---|
| 5:00~ | | | | | | 5:00~ |
| 6:00~ | | | | | | 6:00~ |
| 7:00~ | | | | | | 7:00~ |
| | 学　校 | | | | | |
| 15:00~ | | | | | | 15:00~ |
| 16:00~ | | | | | | 16:00~ |
| 17:00~ | | | | | | 17:00~ |
| 18:00~ | | | | | | 18:00~ |
| 19:00~ | | | | | | 19:00~ |
| 20:00~ | | | | | | 20:00~ |
| 21:00~ | | | | | | 21:00~ |
| 22:00~ | | | | | | 22:00~ |
| お休みなさい　10時にはお布団にはいりましょうね♪ | | | | | | |

子どもからは「超無駄な時間をたくさんある」という声が上がります。「じゃあ、その時間を自分が成長するために使ったら、どうなると思う？」と振ると、どの子も「あっ！」と声を上げます。

そこで今度は、「夢を叶える時間割」を活用します（資料7）。

この時間割は、「やったことリスト」を理想的な生活に書き換えるものです。子どもと一緒に「やったことリスト」を見ながら、「この時間は結構無駄にしているよね。ここの時間どんなことができるかな？」などとアドバイスをしながら記入させます。

大事なことは、次の4点です。

**資料8　夢を叶えるチェックシート（　　月分）**

なりたい自分【　　　　　　　　　　　　】

| 課題＼日付 | 1 | 2 | 3 | 4 | 5 | 6 | 7 | 8 | 9 | 10 | 11 | 12 | 13 | 14 | 15 |
|---|---|---|---|---|---|---|---|---|---|---|---|---|---|---|---|
| ① | | | | | | | | | | | | | | | |
| ② | | | | | | | | | | | | | | | |
| ③ | | | | | | | | | | | | | | | |

| 課題＼日付 | 16 | 17 | 18 | 19 | 20 | 21 | 22 | 23 | 24 | 25 | 26 | 27 | 28 | 29 | 30 | 31 |
|---|---|---|---|---|---|---|---|---|---|---|---|---|---|---|---|---|
| ① | | | | | | | | | | | | | | | | |
| ② | | | | | | | | | | | | | | | | |
| ③ | | | | | | | | | | | | | | | | |

シールあり：実行した印　□：空らんは実行していない

●子ども自身が「やったことリスト」を作成することによって、自分の日常生活の実態を自覚化する。
●いままで無駄になっていた時間を「なりたい自分」になるための取組を行えるスケジュールに変える。
●無理して詰め込まず、その子の生活リズムやペースをできるだけ変えずに、空いているスペース（時間帯）を探す。
●定期的に時間割を見直し、修正する。

ここまで来ると、1週間をどのように過ごせばよいのか、自分なりの見通しをもてるようになります。

ただし、せっかく「なりたい自分」を書き出しても、具体の行動に落とし込めなければなにも変わりません。そこで、**資料8**の「夢を叶えるチェックシート」を活用して、次のように具体的に取り組むことを決めます。

●月初にその月の「1か月後になりたい自分」を思い描いて書く。
●その「なりたい自分」になるために、この1カ月間どんなことに取り組むかを書く（1〜3つほど）。
●毎日、自分が書いたものをチェックして、その進捗状況をメモする。

空いている時間になにを行うかについては、その子が考える「なりたい自分」の姿によって変わります。たとえば、「毎日きちんと宿題ができる自分になりたい」であれば、次の調子で促します。

「Bくんは毎日、地域のサッカーチームで練習しているよね。時間は18時から20時。だとすると、それ以降に宿題をやるのはむずかしいんじゃないかな。ご飯を食べたり、お風呂にも入ったりしなくちゃいけないし、疲れてもいるしね。だったら、学校から帰ってきてから練習に行くまでの1時間だったら、宿題ができるんじゃない？　この時間帯を勉強の時間に固定してみたらどうかな」

なぜ毎朝、学校に登校してくると、最長で6単位時間もの長い時間、机に向かっていろいろな（教科等の）授業を受けつづけていられるのか？　子どもも教師もあまり意識していないかもしれませんが、端的に言えます。それは時間割が決まっているからです。「8時45分になったら国語、9時35分になったら理科」と、この時間になったらみんなで授業を受けるという約束事が習慣になっている。当たり前のことですが、だからこそ毎日決まった時間に勉強しつづけることができるのです。

しかし、家にいる間は時間割がありません。

なかには、「5時~6時までは、○○をやろう」と意識的に決めて行動に移せる子もいるでしょう。しかし、いろいろな課題を抱えている子にそれを求めるのは酷です。仮に、自主性に任せたとしても、面倒くさくなって「明日からがんばる」になってしまうと思います（その「明日」はいつまで経ってもやってきません）。だから、家庭での時間割をつくってしまいえばいいという考え方なのです。

このとき、子どもと教師が共同作業で作成するのがミソです。無理のない現実的で確度の高い時間割になるからです。この取組の継続が、（時間はかかりますが）生活習慣として定着していきます。1年という期間で見ると、課題の根っこの部分から変えることで些末な問題が一気になくなりますから、結果として効率がよいともいえます。

自分の時間は自分自身が成長するために使う。宿題をするなら決まった時間にしっかり行う。リラックスする時間もしっかりとる。だけど、惰性でダラダラしない。そういうマインドと行動指針をつくる取組です。

## 自分自身が変われば、まわりも変わる

「教師としての目線が子ども主体に変わると、いつしか子どもが成長する」

「子どもが成長する様子を心から喜べるようになると、保護者がいつの間にか協力的になっている」

これは、なんらかの理屈に基づいた考えではありません。教師としての実感として、ただそうなのです。特に、保護者の変容は顕著です。連絡帳に肯定的なコメントが増える、学校公開日に足を運んでくれる回数が増える、こうした目に見える変化が生まれます。

私としては、学級だよりなどに取り上げて保護者にお返しする。すると今度は、保護者の肯定的な行動変容によって、子どもがよい方向へ変わっていく。さらに、子どもが変わると、同僚の先生方が私の授業を観に来てくれるようになる。学級の取組に保護者

が協力的であることを間接的に見て取って、「この先生はどんな学級づくりや授業づくりを行っているのだろう」と気になり出すからです。

「先日の授業公開では先生の学級の保護者がたくさん来校されましたが、なにかされているのですか？」

「国語の授業のとき、Bさんに話題を振ったのは、どういう意味があったのですか？」

こんな質問が増え、次第に授業や子どもについて語り合える機会が増えていきます。

**「いい学級は、そのよさ自体によってさらによくなっていく」という連鎖によって、教師と子ども、子ども同士、保護者、同僚教師までをも巻き込み、波紋のように学び合う輪が広がっていく。**そう、同僚までもが変わっていくのです。

実際、次のようなことがありました。

2校目の学校に異動した最初の年のことです。私が受けもった学級は4年生。もちあがりの学級で、前の年はたいへん厳しい状況だったと聞いていました。一部の保護者が、ことあるごとに苦情を言いに来る日々だったそうです。

4月の個人面談、私のあいさつが終わるやいなや、「去年はひどくて…」「うちの子だけ悪者にされ…」「この学校ってどうなっているのですか」とダメ出しのオンパレード。私に不満をぶつけながら、〝先生、あなたはどうなの？　ちゃんとできるの？〟と探りを入れられている感じがしました。

そうした方も、子どもが卒業するころにはすっかり変わっていました。子ども同士でなにかトラブルがあっても、「うちの子がすごい迷惑をかけてしまって。私から連絡を入れて、お謝りしたほうがいいですか」と声をかけてくれるほどに。

理由は単純。教師である私と子どもたちが変わった・成長したからです。本章で紹介したさまざまな取組によって、子どもたちがよい方向に成長したから保護者も変わったわけです。

同様に、同僚の先生方にも変化がありました。だれの授業も観に行こうとはしなかった先生が、授業を観に行くようになった、研究会にあまり行かなかった方が参加するようになった、よく本を読むようになった、そのような姿として変化が現れたのです。

ほかにも、（特別に意識して働きかけていたわけではないのですが）授業スタイルにも変化が見られる先生もいました。私が知る限り最初のうちは、教師主導の指導スタイル、自分が舞台の主役に立ってしまう、いわば劇場型の授業スタイルでした。

そうした先生が、主役の座を子どもに明け渡すのは勇気がいることです。〝なにをもってよしとするか〟指導上の価値基準を根本的に変える覚悟がないと、いつまで経っても、自分で説明し尽くす心地よさや安心感から抜け出せないからです。それが、必要に応じて子どもに委ねる活動にもチャレンジする姿に変わっていったのです。

＊

もちろん現実には、わらしべ長者よろしく、どの学校、どの学級でも同じように都合よくいくものではないでしょう。子どもの気持ちや保護者の気持ちだって千差万別です。連絡帳にせよ、学級通信にせよ、なにかひとつを変えただけで一足飛びに協力的になるわけではありません。

しかし、その内面の変化には共通性があります。それは〝この担任の先生だったら頼りになる。きっと大丈夫なはずだ〟という期待感と安心感です。こうした思いをもってもらえるようにいかに積み重ねていくか、（私自身も含め）教師の腕が試されるのではないでしょうか。

# 第2章

# 子どもの「学ぶ力」を鍛える

# 毎朝３分「ゼロ秒思考」

## 1　どの子も書けるようにする

「書ける子は書けるのだけど、ほとんどの子どもはなかなかそうはいかなくて…」

同僚などからこんな悩みを打ち明けられることがあります。

一口に「書けない」と言っても、いろいろな理由があると思います。そのなかでも私がとくに注目しているのが、子どもの意識です。

「○○について考えたことを書きましょう」と教師に問われた瞬間から、子どもは自分の思考をスタートさせるわけですが、〝えっと、なにをどう書いたらいいんだろう〟などと思いはじめると手が止まります。いったんは書きはじめるのだけど、〝これは違うんじゃないか〟と思い直して消してしまいます。この繰り返しです。

こうした行動の背後には、〝いいものを書かなきゃいけない〟という思い込み、〝書きはじめたことが正しいことなのかわからない〟という不安感があります。

私自身、「どの子も書けるようになってほしい」という願いをもっていましたが、苦戦していました。そんなときに取り入れたのが「ゼロ秒思考」です。

これは赤羽雄二さんが、ご著書（赤羽雄二著『ゼロ秒思考』ダイヤモンド社、2013年）のなかで提案されているもので、「なにをどう書くか」ではなく、まずは「とにかく書いてみる」という姿勢で、頭に浮かんだことを書き出してみる手法です。

「ゼロ秒思考」の基本ルールは、次のとおりです。

- A4の紙に1分1ページで書く。
- ペンを止めずに、1分間頭に浮かんだことをとにかく書きまくる。
- 毎日10ページ書き、クリアファイルに投げ込んで整理しておく。

この方法であれば、だれでも基本的な「考える力」が鍛えられると言います。そこで私は、次の教育活動にアレンジしてみました。

- 毎日、朝の会に行う。
- A4の紙を3枚配る。
- なんでもよいのでテーマを書く。
- 時間は3分。

●自分の書いたテーマに即して、自分の頭に浮かんだことを片っ端から書く。
●一文は30〜40字程度とする。
●子どもたちが書いた内容を私は見ないと約束する。
●書いた紙はその場で破り捨ててしまってもよいし、家にもち帰ってもよいことにする。

実際にやってみると、「すごいスッキリした」と言い出す子どもがいました。とにかくなんでもいいから書き出す（言語化する）ことで、モヤモヤが晴れ、〝自分はこんなことを考えていたのか〟といった気づきが生まれるようなのです。

そうはいっても、すぐにどの子も書き出せるようになったわけではありません。最初のうちは、書くことに長けた子どもさえも戸惑っているふうでした。しかし「ゼロ秒思考」は、「書くこと」自体を純粋に目的としたトレーニングです。何度も行っているうちに、書けずに手がとまる子が減っていきました。

そもそも人は、どんなときでもなにかしら考えています。なにも考えていない状態などありません。ただ「考えていること」を言葉にする際に、〝これで本当によいのか〟と戸惑っているだけなのです。

だったら、その戸惑いを書けばいい。「わからない、わからない、なにを書けばいいのかわからない。隣の子はたくさん書いているのに、ぼくはなにも書けずに困っている」と書けばいい。そう子どもたちに声をかけながら取り組んでいました。

（前述のように）なにについて書くのか（テーマ）は子どもが決めます。ただ、最初のうちは自分でテーマを決められない子もいたので、「書きたいと思うことが思いつかないのなら、次のなかから選んで書いてみたら」と言って黒板に列記していました。


「いま楽しいと思っていることはなに？」

「好きなことは？」

「苦手なことはなに？」

「きょう家に帰ったらなにをする？」

「きのうの夜、ご飯はなにを食べた？」

といった案配で、いずれもちょっとしたテーマです。


だれに見せるわけでもなく、とにかく頭に浮かんだことを書けばよいので、テーマさえ決まれば、どうとでもこじつけられます。

たとえば、「好きなことは？」であれば、「好きなことがありません。どうやったら好きなことが見つけられるのか、だれか教えてください」といった内容だっていいのですから。

子どもたちがおもしろがってくれたおかげですっかり定着した「ゼロ秒思考」ですが、継続して取り組んでいるうちに、授業でも変化が訪れました。

私はどの教科の授業でも最後の３分を振り返りに当てているのですが、この振り返りを驚くほど書けるようになったのです。

振り返りを書かせるに当たっては、事前に「自分のなかで今日わかったこと」「学んだこと」といった「振り返りの視点」を出していたのですが、子どもはそれらの視点を「ゼロ秒思考」で行っている「テーマ」だとみなすようになっていたようなのです。

こうしたことは、「ゼロ秒思考」でたくさんトレーニングを積んだことで書く能力が底上げされたとも言えそうですが、どちらかというと、前述した「書くこと」への「思い込み」や「不安感」にとらわれなくなったことが大きかったように思います。加えて、振り返りの内容が、自分の学習を振り返っているものとなっていなくても、ＯＫとしていたこともよかったのでしょう。

教師としては、なにも書いてくれないことのほうがつらいものです。とにかくなにかしら書いてくれさえすれば、「その視点はおもしろいね。もう少しそこのところを書いてみようか」などと意味づけたり価値づけたりすることができますから。子どものほうにしても、教師からの声かけをきっかけとして、〝じゃあ、こんなことも書いてみようか〟

とイメージを膨らませることができます。

実を言うと、こうしたやり取りそのものは「ゼロ秒思考」を取り入れる以前も行っていました。「〇〇という視点もあるんじゃないかな」などとアドバイスしてはいたのです。ですが、手が止まってしまった子どもが再び手を動かしはじめることはありませんでした。それが、「ゼロ秒思考」で書けるようになるのですから、おもしろいものです。

また、授業の振り返りにとどまらず、まとめなどであっても手が止まってしまう子が減っていきました。大げさかもしれませんが、ゼロにかなり近づけたと思います。

そもそも振り返りは、その教科の授業の正解を求めるものではありません。先生に認めてもらえる（評価してもらえる）〝いいこと〟を書くものでもありません。よりよい学びを得るために、その子自身が学習を自己調整できるようにすることが目的です。

そのような点で、なんでもいいから思いついたことを書き出すという「ゼロ秒思考」との親和性が高かったのだと思います。

## 2　「ゼロ秒思考」想定外の効果・その1

「ゼロ秒思考」をつづけていくうちに、振り返りやまとめとは異なる、思わぬ効果があることにも気づきました。そのひとつが、子どものアンガーマネジメントです。

当時、私のクラスには、発達に課題のあるAくんがいました。ちょっとしたことですぐにイライラしてしまい、その気持ちをクラスメイトにぶつけてしまうのです。

私は試しに「イライラしたら、自分がどんなことにイライラしているのかとか、どうなったらよかったと思うかを、『ゼロ秒思考』のときのように紙に書いてみて」と促してみました。これが、驚くほどうまくはまったのです。イライラはするものの、その気持ちをだれかにぶつけることが少なくなり、だんだんと落ち着きついていきました。

たとえば、こんな案配です。

休み時間などにクラスメイトと意見が食い違ってカッとしてしまう。すると、私のところに飛んできて「先生、ちょっと紙と時間をください」と言います。紙を手渡すと、猛烈な勢いで書き出し、私に見せながら「いま、Bくんの言葉に腹が立ってイライラしました」と教えてくれます。そのときにはもう、Aくんの表情からイライラが消えています。

自分のイライラを書いてみることでスッキリする、書いたことを読み返してみることで自分のイライラの原因が案外たいしたことではなかったことに気づく、加えて自分の力で気持ちをクールダウンできたことが、Aくんにはうれしかったようです。

私自身も、Aくんが感じ考えたことを文字で理解できる（この場合の読む許可は本人からぁらかじめもらっています）ので、手を打ちやすくなります。Aくんが書き殴った紙は捨てずにファイリングしておき、一緒に見返しながら定期的に「振り返ってみてどうだった？」と促して対話します。そうするうちに、自分の行動を冷静に見つめられるようにもなっていきました。

ただし、Aくん自身の気づきは偶発的で、その教育効果もまた副次的です。ただ、「ゼロ秒思考」にはこんな効果もありうるんだなと感じた一幕です。

## 3 「ゼロ秒思考」想定外の効果・その2

しばらくすると、家庭で「ゼロ秒思考」をやってみる子が続々と現れます。自分で時間を計って、1分ごとにどんどん書き換えるという自主学習を思いついた子がいて、それを真似る子が増えていったのです。

朝の時間に行う「ゼロ秒思考」では「子どもたちが書いた内容を私は見ない」を絶対的なルールにしていました。しかし、自主学習の場合には話が変わります。宿題として行うものなので、私に見せてくれます。

そうしたなかで、私が〝おもしろいな〟と思ったのは、子どもたちが書き出す内容の変化です。「〇〇ができなかった」「くやしかった」「つまらなかった」などと、最初のうちはネガティブな内容が多かったのですが、だんだんとポジティブな言葉がつけ加えられるようになっていったのです。

たとえば、書き出しとしては「自分は友達のことで悩んでいた」とネガティブなのだけど、「けれど、悩んでばかりはいやなので、これからはもっと自分から声をかけたい」といった調子です。〝どんな自分になりたいか〟〝そのために、どうすればよいか〟を書くようになっていったということです。

次に紹介するのは、そうした子のうちの一人で、6年生のときに受けもったCさんという中国籍の子のエピソードです。中2になった彼女がある日、私が勤務する学校にやってきて「先生、ちょっと相談に乗ってほしいんです」と切り出してきました。

「わたしは中国に戻って歌手になりたいと思っていて、いまできることをいろいろやっています。親にも話をしたのですが…。わたしが言い終わらないうちに、『そんなのはばかげている。日本でしっかり勉強して、いい大学に行って、いい会社に就職しなさい』と頭ごなしに言われたんです。でも、わたしはどうしても納得できなくて、『いい会社に入って、どうするの、わたしは?』と言ったのですが、ダメだダメだの一点張りなんです」

「そこまで反対されているのに、どうしてがんばろうとするの?」と尋ねると、「6年生のときに取り組んだ『ゼロ秒思考』をいまもつづけていて、『自分はなんのために生きているのだろう』と考えるようになったからです」と彼女は言っていました。

これには驚かされました。『ゼロ秒思考』にまさか、自分の人生について深く考える効果まであるなんて思ってもみませんでしたから。

「とにかくどの子も書けるようになってほしい」という思いからはじめた実践です。そのために、「なにを」「なぜ」「どのように」書くのかという「条件」をあえて外したわけですが、それがために、書くだけ書いてみて、〝自分はいったいなんのために書いているのだろう〟などと疑問に思う子も、なかにはいたはずです。

それが、Cさんの場合には、(みんながみんなそうであるわけではないでしょうけど)つづけているうちに「なんのために生きているのか」と、自分の生きる意味や目的までをも見いだすようになっていたわけですね。

思い込みや不安感に行く手を阻まれて手がとまってしまう子がフラットな思考で書けるようになることをめざして取り組んだ「ゼロ秒思考」でしたが、自分の感情をうまくコントロールできなかった子がアンガーマネジメントする術を手に入れる「ゼロ秒思考」、「自分が本当に挑戦してみたいこと」を自ら見いだす「ゼロ秒思考」など、いずれも私にとっては想定外のすばらしい効果だったように思います。

# 主体性を高める班長会議

コロナ禍以前、私のクラスでは、毎週金曜日になると班長会議を行っていました。生活班が8班、4人1グループで、各班長が給食の時間に私のもとに集まり、給食を食べながら「班長さん、今週はどうだった?」などと水を向けます。

「今週はAくんがすごく手を挙げていたので、班としてがんばれました」「忘れものがゼロでした」といったうれしい報告があったり、「今週、Bさんが3回も忘れ物をしてしまい…」といった課題があがってきたりします。このような課題があがってくれば、それを議題としてどうやって改善すればいいかについて、ほかの班長にも意見をもらいながら話し合います。

最初のうちは、周囲の子どもたちも〝いったいどんな話をしているの?〟〝自分のことだったらいやだな〟などと、給食を食べる手を止めて耳をダンボにしていましたが、〝別にへんなことや、いやなことを言われているわけではないんだな〟ということがわかると、すぐに慣れてしまいました。

私としては、自分の目のいき届かないところを、子どものほうから教えてもらえる絶好の機会になるし、子どものほうも解決しなければならない課題を、自分一人で抱え込まずに済むし、建設的な意見をもらえるのでウィンウィンです。

この班長会議をもし、場所を変えて（たとえば密室で）行っていたら、周囲の子どもたちを疑心暗鬼にしてしまったかもしれません。ですから、別に聞いてもらってもかまわないことなので、オープンに行うのがミソです。

話は変わりますが、当時の私のクラスでは、1年のうち班替え、席替えを12回以上行いました。32人学級であれば16日で席替えです。日直さんは2人1組で行うことにしていたので、16日で1周します。この周期で席替えを行うので、そのつど新しい班で話し合って班長を決めます。

そのため、（1年に複数回班長になる子もなかにはいますが）ほぼクラスの全員が班長を経験することになります。こうしたこともあって、班長会議はなにも特別なものではないこと、自分たちのために行ってくれていることという受け止めとなって、自然な形で行うことができていたのだと思います。

## 1　班長会議設置の意図

日々、教師である私が日々感じている子どもの課題は、当の本人もなんとなく気づいているものです。このような「教師と子ども」という一対一の関係で課題の改善に取り組もうとすると、そのつど個別対応となるでしょう。

すると、Aさんとはうまくいったけど、Bさんとは思うようにいかないといった状況が生まれます。それだけならまだよいのですが、こちらが課題に気づいていても、（その子と話し合うなどの）改善に向かう手立てを打つ時間をとれないこともあります。いくら個に応じた指導が大切だといっても、担任一人の対応には限界があります。

こうしたことを考えて着目したのが学級目標と班長会議だったのです。子どもたち自身が掲げた目標実現をめざして班ごとに取り組んでいければ、一人ひとりが抱える課題が（教師である私に言われたからではなく、子どもたち同士で話し合った結果として）よい方向に向かっていくのではないかと考えたわけです。

しかも、私の負担も軽減するので、個別対応が必要な場合にも心に余裕をもって子どもと接することができるので楽です。

## 2　班長会議の効用

実際のところは、子どもたちの課題が減ることもあるし、期待したほどには減らないこともあります。しかし、本音を言うと、どのような結果になるかはあまり重視していません。現実的に課題が改善したのならばラッキー、そうでなかったとしても、改善しようとする主体性が、子どものうちに育てばいいと考えているからです。私は「クラスで起きている問題に対して、自分はどう向き合うか」という意識を、子どもたち一人ひとりにもってほしいのです。

ある日の班長会議で「Aさんは授業でもっと発言できるはずなのだけど…」といった趣旨の課題が挙げられたことがあります。

「どうしてそう思ったの?」と尋ねると、「だって、ノートにはたくさん書いているから」と言います。「では、どうすればいいだろう。意見がある人はいる?」と促したところ、他の班長から「最初は班の人と一緒に言ってみるのはどう?」「先生に丸をもらってからなら勇気が出るんじゃないかな」と言ってくれました。

忘れものが多い子がいる場合には、「その子自身が連絡帳のチェックボックスに必ずチェックを入れる」ことを約束事にしていましたが、ある日の班長会議では、「今度、わたしも一緒にチェックを入れるようにする」と言ってくれた子もいました。

授業中の発言にせよ、忘れものにせよ、教師である私がとやかく言うよりも、「少しでもいいクラスにするために、○○しようよ」と、班のメンバーが声をかけるほうが効果的です。

　たとえ期待したほどの改善にはいたらなかったとしても、声をかけたほうが「Aさんの分まで自分が発言しよう」「Bくんに忘れものをしないようにしようと言った自分が、忘れものをするわけにはいかない」といった意欲や自覚につながることもあります。

　この班長会議は、(低学年ではむずかしいかもしれませんが) 3年生以上であれば間違いなくできます。私自身、3年生を受けもったときも、問題なくできていましたから。

　この取組をはじめた当初は、私が司会進行役を担っていたのですが、だんだんと書記に近い感じになっていきました。

　班長のだれかが「今週の議題、なにかある?」と切り出してくれるので、班長の発言を小型のホワイトボードに書き出します。その後、いろいろ改善策を出し合って、最終的に「○班、課題は○○。改善策は○○」と書いて共有し、翌週に試して金曜日にその改善案がどうだったかについて話し合うという案配です。

　課題としてよく挙げられるのは、前述の授業中の発言や忘れものですが、ときにはクラスメイト同士の揉めごとが議題にあがることもあります。そのようなときも「どっちが悪かったのか」といった犯人捜しはしません。「周囲にいる人が声をかけて、お互いの距離を取ってあげたほうがよかったかも」とか、「みんなでもう少し話し合えばよかったね」といった意見になります。

これも班長会議のいいところです。お互いカッカしている当事者同士ではなく、教師による裁定でもなく、自分たちが決めたリーダーである班長同士からの提案だからこそ、意見が建設的になるし、当の本人も冷静に聞けるのです。

加えて、ほかの子どもたちもいる教室、しかもたのしい給食の時間というシチュエーション、年間を通した（自分も一度は経験する）班長の入れ替え制であることが、子どもたち同士の人間関係の負の部分を相殺してくれるのだろうと思います。

かれらの意見の拠りどころは、学級目標です。学級目標の実現のために自分がなにをしたらよいのかをよく考えて発言することが、教室にプラスの影響を与えてくれます。

とはいえ、班長会議という取組が軌道に乗るまでには、布石となるようなさまざまな趣向を凝らさなければなりませんでした。正直なところ、教師としては相当に骨が折れます。

それなのになぜ、取り組むかといえば、私自身が「揉めごとも、面倒ごともいやだ」からです。子どもたちもそうだと思いますが、クラスで一番そう思っているのは、ほかでもない私自身でしょう。

「なにかあったら迅速・的確に対応する」という指導の仕方もあるとは思いますが、私の性分には合いません。できる限りきびしいメンタルには追い込まれたくないからです。

だから、そもそもなにごともないほうがいい、できるだけ楽なほうがいい、トラブルが起きても火種のうちに鎮火したい、そのために「(たとえ骨が折れることだったとしても)事前になにをしておくか」というのが、私の指導スタンスです。

## 係活動会社制

特別活動に位置づく係活動ですが、私のクラスでは会社制にしています。子どもがどのような活動をするのか、どのように運営するのかを考えたうえで、起業を宣言して仕事を遂行する組織として位置づけているわけです。その意図は、次のとおりです。

- 「○○係」という名称ではなく「○○会社」とすることで、「活動」というよりも「仕事」というニュアンスを前面に出し、一人ひとりが責任をもって(自分たち自身の仕事として)遂行できるようにする。
- 自分たちが考えた「係の活動をする」という言い回しではなく、自分たちが設立した「会社の仕事をする」という言い回しが大人びているせいか、子どもたちがちょっぴり誇らしげになる。

●なにか課題があるたびに教師に相談するのではなく、自分たちで改善策まで考えるといった主体性をもてるようにする（そのうえでの教師への相談はいつでもＯＫ）。

特別活動に力を入れている先生方であれば、利益追求をイメージさせる「会社」という表現を使うのはいかがなものか、子ども任せではなく教師もしっかりかかわる必要があるのではないかといった印象をもたれるかもしれません。

また、会社＝社長、部長、平社員などの役職が出来上がり、権力、地位といったヒエラルキーが教室内にもちこまれてしまい、子どもたち同士の関係に悪い影響を及ぼすのではないかと心配する声も上がるかもしれません。

しかし私は、担任一人が直接的にかかわるのは限界がある（目が行き届かないところが出てきてしまう）ことのほうを重視し、できるかぎり子ども自らが運営していけるようにし、私はできるだけ間接的にかかわることをめざして、あえて「会社」という名称を用いることにしたのです。

子どもたちのほうはというと、とてもおもしろがってくれました。「会社」というのは自分が大人になってからかかわるものだ（いまの自分とは縁遠いものだ）と子どもたちは思っていましたから、（たとえ従来の係活動でやることとさして違いがなかったとしても）「会社」という言葉のもつ非日常性が、子どもたちの興味を引いたのだと思います。休み時間などでも「うちの会社を立ち上げるにはどうすればいいかな」といった声があがるほどでした。

さて、この会社制のルールは、次のとおりです。

- 3人以上であれば、事業内容や経営理念を掲げて起業できる。
- 会社を設立できる日は月の第2週目とする。
- 会社設立が認められたら、クラスのみんなに周知する。
- 事業内容は各会社が教室に掲示する。
- 合意があれば、他の会社に転職することもできる（転職も月の第2週目）
- メンバー全員で仕事を分担し活動する。
- 話し合いの時間を取りたい場合は、先生に相談する。

どのような会社が設立されるかは年によりますが、よく見かけるのが「遊び会社」「壁新聞社」などです。

なかには、「カード会社」などもあります。この会社は、デュエル・マスターズのようなオリジナルカードを自分たちで開発し、たくさんの友達がかかわれるように工夫して、たのしく遊んでもらうことを経営理念に掲げていました。カードをつくるだけでなく、遊び方もオリジナルを考えます。

　ほかにも「学級通信社」が設立されたこともあり、6年生を受けもったときは200号ぐらい出していました。「地域新聞社」は、地域を回ってお薦めのスーパーなどを見つけてきたり、みんながよく行く駄菓子屋さんを取材したりして、撮影した写真に「このお菓子がおすすめです」などとコメントをつけた新聞をつくって配っていました。

　このようにしてユニークな会社が設立されましたが、どの会社も順風満帆というわけにはいきません。さまざまな壁にぶつかります。

「遊び会社」であれば、「20分休みに〇〇遊びをやります」と宣言するのだけど、人が集まらないのですね。すると、私のところへやってきて「先生、みんなが集まってくれないのでできません」と言うわけです。

　子どもは割とシビアですから、クラスメイトが主催するイベントであっても、自分が本当に〝おもしろそうだ〟と思えなければ参加しようとはしません。そのような点では、〝おつき合いだから、参加しておかないとな〟といった利害関係に縛られる大人社会とは異なる力学が、子ども社会では働きます。

　ただそうは言っても、なんのフォローもしないわけにはいきません。そこで、よく次のように話をしていました。

「A社が新商品を発売しましたが、なかなか売れません。そこで、A社はがんばってその商品のよさを宣伝しました。するど、魅力を感じたお客さんが販売店に来てくれるようになりました。どんなにすばらしい商品だったとしても、お客さんにしてみれば『買わなければならないもの』ではありません。みなさんのイベントはどうでしょう。なぜクラスメイトが集まってくれなかったのでしょう。参加してくれない友達のせいにするのではなく、自分たちにはなにが足りないのか、その理由をみんなで考えて、どうすればA社のように人を集められるか、改善案を考えてみてくださいね」

　この「人が集まらない」問題は、「遊び会社」特有ではありません。イベント系の会社であれば、必ずぶち当たる壁です。ただ単に人が集まらないという壁ではなく、「うまくいかない理由を自分たちに求めようとしない」「つい人のせいにしてしまう」というメンタルの壁です。

　そのため、たとえ参加してくれるクラスメイトがいたとしても、たとえば自分たちが決めたルールを守ってくれない子などがいるとトラブルに発展します。〝自分たちががんばって、たのしめるようにしてあげているのに…〟という意識が働いてしまうからです。

　それに対して、私は次のように問います。

「それはわかったけれども、ではルールを守れないならどうするの？　その子のせいにしておしまいにするの？」

すると、「いえ……」と言葉に詰まります。

「じゃあ、どうすればいいと思う？」と水を向けると、「もう少しルールをわかりやすくします」「みんなが活躍できるようにします」といった返事が返ってきます。その答えを引き取って、「じゃあ、具体的にどのようなルールにするのか、どうすれば活躍できるようになるか考えてみようか」と促します。

このようなやりとりで、およそ半分くらいの会社はなんとか壁を乗り越えていきます。

乗り越えられない場合にも、改善しようとはします。

もちろん、なかにはどうにもならなくなってしまう場合もあります。そのときは「今度はどんな会社にしたらうまくいくかな」とポジティブにとらえて、再び起業にチャレンジすればよいのです。

係活動会社制に限ったことではなく、班長会議も含め、**子ども自らが課題と対峙し、どのように乗り越えていけばよいのかを考えるというやりとりは、どの教科等の授業でも効いてくる**し、逆に授業で学んだことを応用する子どもも現れます。

たとえば、授業で扱ったマトリックスを使い、みんなでたのしくできそうな遊びにはどのようなものがあるか、それはどのような利点によってなのかを表にまとめて話し合う会社もあります。

ここで言いたいのは、マトリックスを使えばいいということではありません。係活動であれ授業での学習活動であれ、自分たちが取り組んだ活動によって身につけたものを、それとは異なる場面で柔軟に使っていこうとする発想です。

それは、授業が会社運営に寄与する場合もあるし、逆もあるでしょう。このように〝なんだか使えそうだ〟と思いついたことを実際にやってみる。うまくいくこともあるし、うまくいかないこともある。こうした経験を積んでいければ、それ自体がその子のノウハウになります。さらに、異なるメソッドを組み合わせてバリエーションを増やしていければ、その子のなかで確実に使える引き出しになります。

これは単体の活動ではむずかしいことだと思います。自分たちが感じ考えたことを実際に活動できる場を数多くつくることが必要です。そうしたチャレンジを通して、どこかで成功体験を得る。今度はその成功体験をもとにして、ほかの活動に生かしていく。この繰り返しです。そのようにできていると、（子どもにもよりますが）**なんらかの失敗が次の成功への布石になるということを、子どもたちは実体験を通して学んでいけるようになるのです。**

一見すると、いろいろな考え方をもち込んでいるように見えるかもしれませんが、どの活動も行うのは子どもたちです。「たとえうまくいかなかったとしても、人のせいにしない」「成功するためには、自分自身が変わらなければいけない」というメンタルを獲得してほしいと考えています。

## 学ぶクラスに変える原動力

一般的な授業展開は「導入」「展開」「終末」です。私自身もその展開を意識して授業を行っているのですが、ときどき疑問に思うこともあります。それは「授業が45分で切りよく終わらなかったら、それはよくない授業なのか」ということです。

（教科等によりますが）たしかに、単元計画に沿って1時間の授業が構成される以上、45分ごとに完結していなければ計画的に授業を進めていけません。しかし、これは教師側の論理であり、子どもには子どもの学ぶ論理があります。

たとえば、子どもたちが自分の学習に意味を見いだし、懸命に取り組んでいるのだけど、その時間中には終わらないということがあります。そんなとき、「時間が来たので終わりましょう」としてしまうのであれば、それまでです。

それに対して、「時間内で終わらなかったけど、次の時間、どうする？」と子どもに水を向けてみたらどうでしょう。同じ授業展開であっても、子ども側の受け止めが別物になると思います。つづけていくうちに、子どもが自分たちの力で45分の学習をつくろうとする意識が芽生えるのです。

もちろん、「時間が来たから終わり」という考え方であっても、別に悪いわけではありません。ただ、そうするうちは「きょうのめあてはこれです」などと、常に教師のお膳立てに則って子どもに学習させる授業となります。そうである限り、「先生、今日はなにをするのですか？」と、子どもが受け身でありつづけます。

それならばいっそと、私は「これからみんなが学習する単元では、10時間かけて○○の力を身につけるんだけど、どんなふうにやっていこうか。そのために必要なことってなんだろう」と子どもに水を向けて話し合い、1時間目はこれ、2時間目はこれというふうに、ざっくりとした学習計画を立てるようにしました。

かりに、自分たちが立てた予定と少しずれたとしても、子どものほうが先の見通しをもってさえいれば、「次、どうしようか」と言うだけで、そのつづきを考えてくれます。そういう感じにやっていると、授業が本当に子どもたちのもの（学習者主体）になるし、それにつれて自然と自ら学ぶクラスに変わっていきます。

言うなれば、「先生が教えてくれる、一話完結型の授業」から、「自分たちで描いたおよそのストーリーで学習が進んでいく、つながりのある授業」への転換といったところでしょうか。

そうできれば、子どもが視聴者ではなく、演者の一人として（教師が考える授業のめあてと並行して）子どもが自分で考えた学習のめあてをもって、授業に臨めるようになるのではないかと思います。「次は〇〇したらいいのではないか、あのときはミスったから」といった子ども自身の学習のめあてです。

社会科や理科などでよく「授業の導入でおもしろい資料や教材を提示して、いかに子どもの興味・関心を高めるかが重要だ」といった声を聞くことがあります。たしかに、教師による巧みな導入によって、子どもが「知りたい」「学びたい」と思えるようになるのであれば、すばらしいことだと思います。

しかし、このすばらしさは、裏を返せば、教師が資料や教材を提示するまでは、その授業で自分たちがなにをやることになるのか、だれ一人として知らないということでもあります。

そのため、このような授業では、教師がなにを用意したか次第で善し悪しが決まってしまうので、「子どもの興味・関心の高まりは、教師の腕次第」という話になります。もちろん、そうした側面も授業には必要です。しかし、どちらかというと、私は次のように考えています。

教師があれこれと気を回して手を変え品を変え、事前準備を入念に行わなくても、「振り返りに基づいて見通しをもち、子どもが自らの興味・関心を高めていけるようにする」ほうが、子ども自身の学びに寄与すると思うし、教師のほうも楽だと思うのです。

極論すると、「先生が教室にいなくても学習が成立する」くらいのイメージで、教師である私にとっては「では、どこまでなら子どもに任せられるのか」を探っていくチャレンジであり、子どもたちにとっては、自学自走していけるようになるための学び方トレーニングです。

無理をさせない範囲で継続できれば、私が担任しなくなってのち、小学校を卒業して中学生、高校生になるにつれて、その子なりにアレンジを加えながら、自分らしい学び方をアップデートしていけるのではないかと密かに期待しています。

## 子どもがもっている知識を活用して単元をつくる

既有知識の活用については主に、国語、社会、算数、理科でチャレンジしています。

次に紹介するのは、社会での取組です。

4年生「ごみの処理と再利用」の単元であれば、まず単元名を板書し、10時間かけて学習していくことを伝えたあとで、「どのように学習していこうか」と問いかけ、みんなで意見を交わします。

「ごみってなに？」というところからはじめて、イメージを膨らませていくのですが、なかには処分場のことなどをすでに知っている子どももいます。このとき、その「すでに知っている子どもがいる」という事実に、教師としてどう向き合うかです。

私は（たとえ一部の子どもであっても）子どもがすでに知っていることを、あたかも知らないかのように振る舞う授業がきらいです。教師側の都合で「知っている人もいるが、知らない人もいるから」だとか、「知っているのだとしても、まずはみんなと一緒に学習していくことが大事だから」などと一方的に理由づけるのもいやです。

そこでもう最初の段階で、「知っていることは全部出してしまおう」と促します。すると、次のような知識が断片的に出てきます。

「収集車がごみを集めている」
「最終処分場がある」
「3Rとか言われている」

「防波堤に埋め立てられているゴミもある」

「何十年後かになくなる」

こうしたことを知らない子は、次のように言い出します。

「え、それ、知らない。じゃあ、ごみって、どこへ行くの？」

「最終処分場だよ」

「最終処分場ってなに？」

「その前に、区のごみ焼却場へ行くんじゃなかったっけ？」

「え、そうなの？」

「ちょっと待って、3Rってなに？」

こうした疑問を引き取って、「知っていること」を発言してくれた子どもたちに「それは具体的にどのようなもの・ことなのか」を説明してもらいます。すると、「言葉は知っているけど、具体的には知らない」「ある程度は説明できるけど、特色や意味までは理解していない」ことなどが浮き彫りになっていきます。

私のほうはというと、子どもたちの発言を整理して、「じゃあ、この単元でどんなことを学習していきたい？」などと水を向けるだけです。

子どものほうから「最終処分場のことは知っていたけど、どんなところかは知らない」

といった発言があれば、「先生、知り合いがいるから、みんなが本当に見に行きたいと思うならお願いしてみるけど」とつぶやきます。すると、たいてい「見に行きたい！」という声があがるので、「じゃあ、社会科見学で行ってみようか？」という感じで活動内容が決まっていきます。

さらに、次のような意見も出てきて、子どものワクワク感が広がっていきます。

「行く前にどんなことを勉強しておかないといけないかな」

「質問できるならしたいよね。たくさんは質問できないだろうから、超知りたいことに絞って聞きたいよね」

「そんなの、行かなきゃわからないことでしょ！」

そんなふうにしていると、（教師があれこれ資料を用意して巧みを凝らさなくても）子どもの意欲・関心は自然と高まるし、子どもたちのほうから次のような課題意識が出されるようになります。

- なぜ自分たちはごみについて学習するのか。
- 社会科見学に行くのであれば、今日の授業でどこまで学習しておいたほうがよいのか。
- 最終的に、ごみの学習を通して自分たちはなにを理解したいのか　など。

（繰り返しになりますが）「子どもがなにも知らない（はずだ）ベース」で単元をスタートするのではなく、とにかく知っていることは最初に洗いざらい出してから単元をスタートするということです。そうするだけでも、〝自分たちで解決してみたい〟と思える学習問題が生まれやすくなるし、およその学習計画や活動内容も固まっていきます。

実際に、こんなことがありました。

土曜公開授業のときに、丁度空きコマだった社会科を専門とするA先生が私の授業を参観してくれたことがあります。授業の最後に「A先生、最終処分場の正式な名前って、なんでしたっけ？」と振ってみたのですが、「それ、言っていいのですか？」と聞き返されました。〝これから習うことなのだから、いまそれを教えてはいけないのではないか〟という戸惑いがあったのだろうと思います。

そこで私は、「どうぞ言ってください。みんなだってよく知っている人に聞いたほうがいいよね」と言って再度促したところ、ようやく教えてくれました。

別に（単元のどの段階であっても）最終処分場の正式名称を知ったところで、どうということはないと思います。むしろ、担任の教師ではない、たまたま参観していた第三者が言ってくれたほうが、子どもは〝おー、そうなんだ〟と興味をもってくれます。

社会科に限らず、どの教科等でも言えることのような気がしますが、「（指導書などで）次の時間以降で学ぶことになっていることを、いま知ってはいけない、やらせてはいけない」という思い込みが、不自然なそぶりを教師にさせてしまうのではないかと私は思います。

しかも、教師のそうしたそぶりを見抜く勘のいい優秀な子がいると、〝先生、いまの場面で言ってほしい正解はコレなんだろうな〟と気づいて、忖度するような発言をさせてしまうこともあります。それがどうにも好きになれないのです。

もちろん、資料や教材を通して段階的に子どもの理解を深めていくことは大切なことです。そのためには、どの学習場面でなにをもっと突き詰めさせるのかを吟味することも重要でしょう。

だからこそ、単元の最初に「そもそも知っていること」を全部出してもらって、「実はよく知らないこと」を明確にし、「本当に知りたいこと」を見つけ出す。あるいは、指導書の展開例では第5時に学ぶ知識であっても、必要であれば第3時にもち出してしまう。こうした柔軟さが、子どもにとっても教師にとっても、うそくさくない授業にしてくれるのだと思います。

理科などでも同様です。たとえば「月と星」の単元でも、単元のはじめに「月の動きと明るさ」「星の動き」などについて知っていることを発言してもらって板書します。天体好きな子がいれば、最初から相当の知識をもっているから、得意げに披露してくれます。それに対して、ほとんどの子はついていけません。


「1等星ってなんのこと？」

「一番大きいってことじゃない？」

「違う、明るさが1等ということだよ」

「じゃあ、たくさんある星のなかで一番明るいんだね」

「ううん、そうじゃなくて、1等星はたくさんあるよ」

「えっ、よくわかんない」


こんなやりとりがつづきます。すると「Aくんはそう言うけど、本当かなぁ」とか「もっとちゃんと知りたい」といった意見も出てきて、「調べてみたい」欲求がフツフツと湧いてきます。

それに、よく知っている子にしても、図鑑やネットなどでの知識がほとんどで、実際に観察した経験のある子は稀です。そのため、クラスメイトから「それって、本当？」と尋ねられると、「だって、〇〇にそう書いてあったから」という理由でしか返せません。

教師が水の向け方を間違えなければ、どの子も「実際に見てみたい」「みんなと一緒にやってみたい」とモチベーションを高めていけます。そうであれば、知識のある子も〝そんなの最初から知っているよ〟とはなりません。

知識が豊富な子が最初に正解を言ってしまうと、そこで学習が終わってしまうから、その子にはできるだけ授業の最後に発言してもらうというアプローチもあると思うし、そうしたやり方もありだと思います。

ただ、そうする背後には、〝Aさんだったら、授業の最後で、教師である私が言ってほしいことをきっと言ってくれるはずだ〟という意識があるようにも思えます。

その「私が言ってほしい」ことが、子ども側の「学びたいこと」であればよいのですが、もしそこがズレていると、「教師の授業としては成立しているけど、子どもの学習は成立していない」といったことが起きてしまうおそれもあります。

知識はどこまでいっても知識です。たとえその子の知識が正しかったとしても、理解にまで到達しているとは限りません。だからこそ子どもたち同士、それぞれの知識をもちよって「本当のところはどうだろうね」という発想をもてることが大切なのだと思います。

そうできれば、知識が少ない子は「新しく知りたいと思える好奇心」、知識のある子は「すでに知っていることをより深めたいと思える好奇心」が湧く授業になると思います。

# 道徳科授業ジレンマ

ある年、小中連携の一環として道徳の授業をさせてもらったことがあります。その際、道徳の研究員をされていた先生が他校にいて、その先生とグループを組んで授業案を練っていました。

教材は『泣いた赤鬼』です。それはよいのですが、教材文の文章量がとにかく多い。自分で読んでも10分はかかってしまいます。〝残り35分で子どもたちが考え、議論するのは現実的ではないな〟と考えた私は、次のように提案してみました。

「家庭であらかじめ読んできてもらうようにしませんか？　そうすれば、しっかり45分間かけて、子どもたちが…」と言い終わらないうちに、「絶対に駄目です」ときっぱり言われました。「それでは、感動が薄れますから」と。

内心〝全員が『泣いた赤鬼』を読んだことがないなんて、あるわけないじゃん〟と思いつつも、言葉を選んでやんわり伝え直してみました。それでも、有無を言わさない調子で反対されたので、仕方なく「じゃあ、いいです、読みます」と言って授業を行いました。

教材によっては、クラスの子ども全員が「読んだことがない」「あらすじすらも知らない」ということもあるでしょうけど、知っている子は一定数いるものです。それに、本当に知らなかったとしても、授業の前夜に自分で読んでみるのと、授業で教師が読むのを聞くのと、いったいどれだけ感動の温度差が生まれるというのでしょう。

それに、「教材は感動ありき」などと堅苦しく考えなくても、すでに知っていることを軸にしていろいろなことを考えられればいいのだから、教材をいつ読むかなんて、たいした問題ではないと私は思います。

かりに「感動」という言葉を「なにかを感じて心が動く」と読み替えるのだとしたら、子ども同士の話し合いによって「感動」できるほうが、はるかに子どもの学びに寄与するはずです。〝それなのに、どうして？〟と、どうにも腑に落ちません。

私自身は、教材の内容を通じて子どもに感動させることが道徳授業の目的ではないと考えています。それならば、教材を範読するのに大切な授業時間を使うよりも、さっさと話し合いに入ったほうがいいと思います。

かりに、家庭で読んでこない子どもがいたとしても、問題ありません。友達の意見に乗っかるかたちで（自分の生活経験などと照らし合わせながら）感じ考えたことを発言したっていいと私は思うからです。道徳の内容項目について、自分なりに深く考えられることこそ重要なのですから。

（他の項でも述べていますが）これもまた、本当は知っているのに知らない体《てい》で授業を受けさせられる謎パターンのひとつです。心のなかでは〝なにか不自然だな〞と思うことがあっても、それを口にするのがはばかられる。こうしたことは道徳に限ったことではありません。国語でもそうです。

たとえば、私自身は言葉の意味調べや視写などを行ったうえで単元に入っていきたいと思っているのですが、それをよしとしない先生は結構いらっしゃるようです。

たとえば、初任校で先輩教師から次のように助言されたことがあります。

「予習をさせてはいけません。単元の1時間目に入る前の段階で、子どもたちが知っていることに差が出てしまってはよくないですからね」

当時は教師になったばかりだったし、先輩の言葉だということもあって、〝そういうものなんだな〞と思ったのですが、いま思い返してみると〝ちょっとおかしいんじゃないかな〞と思います。

たとえば、読書が好きな子であれば、国語の教科書を配られると、わりと目を通しているものです。有名な文学作品であれば、小さいころから何度も読んでいる場合もあります。それが現実なのに、事前の学習をさせないのだとしたら、それこそ差が生まれてしまうと思います。

意味調べや視写など（以下、「予習」という）は、学習が苦手な子ほど手厚い支援になると実感しています。

ここでは、体育の徒競走の練習を例にします。走る距離を自分で決めて目標タイムをめざす活動があります。走るのが速い子は長い距離を、走るのが遅い子は短い距離を設定し、自分の記録が少しでも目標タイムに近づけるようにする活動です。

**肉体的な個性はそれぞれなのだから、全員が同じスタートラインに立つことが、子ども一人ひとりの学びに寄与するわけではない**ということです。運動や学習が苦手な子であっても、「わかる自分、できる自分」になりたいと強く願っているのですから。これは、国語でも同じように考えることができます。

読むのが苦手で、意味のわからない言葉がたくさんあったら、内容理解にいたらないのは当然です。しかも、自分以外の子どもはできているのだとしたら、学習へのモチベーションも下がる一方です。

そこで、こうした子どもには、新しい単元に入る前に、一緒に音読して読めない漢字があったら振り仮名をふったり、意味調べをして書き込ませたりしておきます。そのうえで、可能であれば家庭でも読んでみることを勧めます。そうするだけでも、単元のスタート時のつまずきを軽減することができます。しかも、教師としては授業のめあてを達成することに専念できるので一石二鳥だと言えないでしょうか。

＊

もちろん、上記のような予習に対して否定的な考えをもっている先生方のセオリーを、（私の意に沿わないからと言って）安易に批判したいわけではありません。ただ、そうしたセオリーから少しでも外れる実践を目にするたびに「それではダメだ」などと一刀両断してしまうのであれば、教師の発想を狭めてしまうと思います。

なかには、〝勉強が苦手な子どもであれば、予習などやりたがらないでしょう〟と思う先生もいるでしょうが、そんなことはありません。

アプローチの仕方は子どもによりますが、どの子も本来願っている「わかるようになりたい」「できるようになりたい」という思いを叶えるために具体的な方法を提案すれば（〝この先生は本当に自分に寄り添おうとしてくれているんだ〟と受け止めてくれれば）、「自分もやってみよう」と思ってくれるものです。

私自身、唯我独尊でありたいとはまったく思いませんが、目の前の子どもたちの状況に応じて、かれらの成長に寄与すると期待できるものであれば、授業の仕方はもっと柔軟で自由であっていい（教師の裁量に委ねられていい）と思うのです。そうするなかで、自分に合った（目の前の子どもたちにも合った）授業のバリエーションが増えていくのだと思います。

## 学びを促進するメンタリティ

かつての私は、次のような授業が「いい授業」だと考えてきました。

教師が教材研究をやり込み、たとえば学習場面ごとに的確な発問を計画しておく、あるいは子どもが自ら考えられるような資料を用意しておくといったように、事前準備をしっかり行って授業に臨み、教師の求めに応じて、子どもたちが意欲的に学習できる授業。

それが最近、ちょっと違った角度から「いい授業」というものを考えるようになってきました。と言っても、「右に挙げた授業は悪い」と思うようになったわけではありません。

教材研究の大切さ、単元計画を練る大切さなどは、いまも重要だと考えています（私の考える教材研究の大切さや方法については、第3章で触れます）。さらに言えば、「思いつきのままに行うのが、いい授業だ」などと思っているわけでもありません。

ただ、私が思うのは、「子どもたちが意欲的になるにはどんな仕掛けが必要？」「話し合いが活発になる発問にはどんなものがある？」などと、「あれもこれも」と教師が先回りして用意しすぎてしまうことへの疑問です。

そんなふうにしていると、子どもがもともともっている能力を発揮しにくくなるのではないか、せっかくの教材研究も「子どものために教師が全部してあげる」といった「過保護授業」にしてしまうならば、本当の意味で子どもの「学ぶ力」は育たないのではないかと考えるようになったのです。

それよりも、子どもたちが数時間にわたる単元の学習内容をどう学んでいきたいのか、目の前の1時間の学習をどうしていきたいのかを、（たとえ教師の目から見たら不完全で稚拙だったとしても）**子どもたちが自ら考え行動に移せる土台をつくることのほうが、巡り巡って子どもの「学ぶ力」の育成に寄与する**のではないかと思います。

そのように考えるようになったきっかけは、親ガチャならぬ、担任ガチャ的な言い回しを耳にしたときです。保護者の間では昔からよくあがる声ですが、「A先生になったら家でも授業の話をしてくれるようになった」とか、逆に「B先生のときはせっかく国語が好きになったのに、C先生になった途端…」などと「今年は当たった（または外れた）」といった「担任には当たり外れがある」という声です。

以前は、教師側の力量差は歴然としてあるのだから、保護者からそう言われるのも致し方ないのかなと思っていました。しかし、子どもの「学ぶ力」が育っていると、進級して担任が替わっても、前述の保護者の声があまり大きくならないことに気づきました。さすがにゼロにはなりませんが、教師の力量差を問題視されにくくなると考えることはできそうです。

教師だからといって、だれもが優秀であるわけではありません。かりに優秀であったとしても、その教師が優秀でありうる場面は限られるはずです（全能ではありませんから）。それに、子どもの側からも、教師の側からも「自分と合う・合わない」という相性の問題もあります。

それだったら、だれが担任になったのかに一喜一憂するのではなく、だれが担任だろうと「自分がしっかりやるんだ」というメンタリティを子ども（のほう）がもてるようになれば、担任が替わってもクラスメイトが変わっても、なんとかやっていけるのではないかと私は思います。

そうなるには、自分もがんばるし、周りもがんばる。そんなお互いのがんばりが合わさって、自分だけのがんばりではたどり着けない領域まで行ける体験をたくさん積めるようにすることが必要です。

たいへんむずかしいことではありますが、担任の先生ががんばってくれたからではなく、自分たちががんばったから「学校に行くのがたのしくなった」「みんなと一緒に学ぶのがおもしろくなった」と子どもたちが思えるようになるのが理想です。

そんなメンタリティを子どもたちが獲得できると、「○○は価値があると言われているから価値がある」という発想から、「価値は自分たちでつくり出すものである」という機運に変わっていきます。ときには、その後のものの見方・考え方が思い切り変わることさえあります。

これは、私自身の気づきというよりも、子どもの言葉ではっとさせられたというのが実際です。〝これまでの自分の授業とは別物になったんだな〞と。

それは、夏休みに入る直前の土曜公開授業のときのことでした。埼玉から参観しにきてくれたある先生が授業後の休み時間、近くにいた子どもたちに「相馬先生の授業って、どう？」と質問をしました。

すると、ある子がきっぱり言い放ちました。

「相馬先生はほとんどなにもしないから、自分たちでがんばらなければいけないんです」

「そうそう」と笑いながら相づちを打つ子もいました。「相馬先生って、影薄いもんねー」

そのやりとりが聞こえてきた瞬間、心のなかで〝よし！〞とガッツポーズです。とてもうれしかったですね。子どもたち自身が、「自分たちでやっている」という自負をもって授業に臨んでいることが、その先生の質問によって明らかになったからです。

かつての私は、教師としての自分がいかに輝きを放ち、子どもたちを照らしていくかという意識で授業に臨んでいました。思うようにいかないことも多々ありましたが、うまくはまれば、１年を通じて子どもたちの成長を促すことできます。

しかし、年度が変わって子どもが進級し、私が担任から外れた途端に、成長する前の子どもたちに戻ってしまっている姿をいくどとなく目にしてきました。これは、新しくその子たちを担任した先生の力量の問題ではありません。自分なりの「学び方」が身についていないから、自然とゼロスタートになってしまうのです。

そこで、すっかり考えを改めることにしました。私の放つ光は最小限度に押さえ込み、子どもたちが自分たちの力でまばゆい光を放てるようになることを重視するようになったのです。

## 本気の話し合いが子どもの「学ぶ力」を鍛える

本章で最後に紹介するのは、私がかつて行った総合的な学習の時間（以下「総合」と略）

の実践です。３年生の後期からはじめたもので、「銭湯」を学習材にしていました。このときの実践を通して、子どもたちがどのようにして自らの「学ぶ力」を鍛えていったのか、その一端を紹介したいと思います。

## 1　まずは地域を見て回る

学習材を「銭湯」にしたのは、私の発案です。といっても、大層な理由があったわけではありません。きっかけは、私自身が小さいころに通っていた湯にいい思い出があったので調べてみたというだけです。

すると、23区内で一番銭湯の数が多かったのは大田区で、次いで江戸川区、３番手が（私の勤務校がある）足立区だということがわかりました。その一方で、知名度の高さということであれば、足立区の千住にある大黒湯さんでした。昔からキング・オブ・銭湯と呼ばれていて、遠くから通ってくる人もいるといいます（残念ながら、２０２１年６月に90年の歴史に幕を閉じています）。

そこでまずは、自分がきちんと銭湯のことについて知ろうと思い、実際に銭湯に入りに行きました。すると、おもしろい発見がたくさんあって〝これはものになるかもしれない〟と感じました。

銭湯とのかかわりを通して、「自分たちの住んでいる地域にはこんなにいい場所があるんだな」とか、「伝統を残すためにこういう人たちがいるんだな」といったことを知り、自分たちの住んでいる地域への愛着を見いだせるのではないかと考えたのです。

私は早速、学年の先生方に話をもちかけました。すると、〝おもしろそうだね〟と受け止めてはもらえたものの、次に挙げる最後の項目で先生方の表情が一瞬曇ります。

●10月の後期からスタートして約5か月間かけて学ぶ総合とする。
●学習材として「銭湯」を扱うことは学年で統一する。
●地域を見学して回り、学年全員で銭湯に入りにいく。
●その後にどんな活動を行うかについては、子どもたちが見いだした課題に応じて学級ごとに進める。

先生方は「えっ、学級ごと？」と驚いた様子でしたが、「なにか困ったことがあったら学年会で話題を出し、みんなで知恵を絞って進めていきましょう」と投げかけたことで了承を得ることができました（最初はとても不安だったとは思います。内心、私自身もそうでしたから）。

さて、学年で共通理解を図ることができたので、私は早速学区内で一番伝統のある梅の湯さんにうかがい、実践の趣旨と事の経緯を説明してお願いしてみたのですが、「そういうのは、うちは求めていないから」とあっさり断られました。そこで、〝これは何度も通ってみないことにはどうにもならないな〟と思い直し、夏休みに銭湯めぐりをはじめてみたのです。

梅の湯さんをはじめとして千住にある4つの銭湯をそれぞれルーティンしながら通ったのですが、最終的には30回ぐらい通ったことを評価してもらい、どの銭湯からもＯＫをもらうことができました。

これで事前準備は完了です。あとは、どのようにして子どもたちに銭湯に興味をもってもらうかです。

9月に入り、「次の総合はどんなことをやっていこうか」と話題をもちかけました。私のほうからは「地域にあるものから選ぼう」と事前に促していたこともあって、「それだったら実際に地域を見て回らないとわからない」と、わりとすんなり話がまとまりました。

地域の地図を拡大し、どんなところを見て回りたいかを子どもたちにシールを貼ってもらいながら決めたのですが、その際、「どの順番で見て回るか、ルートだけは先生が考えるからね」と言っておきました。4つの銭湯全部の前を通るルートにして、子どもの視界に銭湯が入るように仕かけるつもりでした。

加えて、商店街で文房具屋さんを営んでいる元ＰＴＡ会長さんに、次のお願いをしていました。

●子どもたちが店の前を通るから、「なにをやっているの？」と尋ねてほしい。
●その際、なんらかの形で「銭湯の話題」を出してほしい。

実際に、子どもたちと一緒に地域を回ったおりには、次のやりとりをしてくれました。

「今日はみんなでなにをやってるの？」

「千住について学ぶ課題を探しています」

「それだったら銭湯が有名だよ」

「そうなんですか」

「ほらっ、ちょうどそこを曲がったところに1軒あるよ」

こんな調子です。

で、実際に銭湯の前まで行くと、ドアが閉まっています。私は「入れてもらえるかどうか、先生が声をかけてお願いしてみるね」と言ってなかに入ります（銭湯の店主には、あらかじめ銭湯を見学させてもらう約束をもらってあります）。しばらくして外に出たら「いまだったらいいと言ってもらえたから入ろう」と促して、みんなで入っていって見て回りました。

前述のように、足立区は銭湯の多い地域の一つですが、実際に行ったことがある子はほぼいません。「こんな大きな絵があるんだ」「お風呂が大きいね」などと、みんな興味津々な様子でした。

## 2　子どもたちの本気の話し合い

ひととおり地域を見て回った後は教室に戻り、総合の学習材をなににするかについての話し合いです。すると、「銭湯をやりたい」という声以外にも、「ゴミについて学びたい」という声があがりました。「北千住はごみがたくさんあって汚いから」というのが理由です。

その子は、地域を見学している間中、道ばたに落ちていたゴミの数を数えていて「500個以上、道ばたにゴミが落ちていた」と報告しました。その声に「そんなにたくさんごみがあったらやばいでしょう」と呼応する子どもが現れます。

銭湯派とゴミ派は半々、拮抗します。教師側としては銭湯にもっていきたいわけですが、その意向を前面に出すわけにはいきません。そうしてしまえば、子どもの解決したい課題にはならないし、そもそも話し合う意味がなくなってしまいます。「どちらがいいか」と話し合いをつづけているうちに、だんだんと好き嫌いでものを言う発言が増えていきました。調べ学習を行う前段階ですから、ほかに判断基準をもちようがないので当然です。

そこで、「みんなでできること」「地域の人とかかわれること」「専門家とかかわれること」を考え合わせたらどうかと促してみましたが、銭湯もゴミも要件も満たしてしまい、決め手に欠けてしまいます。

話し合いは難航し、授業時間が終わりに近づいても結論が出そうになかったので、「次の時間も引きつづき話し合いをするから、銭湯とゴミのどちらがいいか、その理由はなにかを考えてみて」と促し、話し合いの延長戦を決めました。

結局、次の時間にも決まらず、3コマ目の授業の途中でようやく決定します。決め手となったのは、「千住地域にあるものだからこそできることにしたほうがいいと思う」というAさんの発言でした。このとき、潮目が変わったように思います。「それなら、自分たちが学習すべきは銭湯なんじゃないか」と一気に意見がまとまっていったからです。

本当に熱い話し合いだったように思います。私自身、子どもたちが銭湯に興味をもてるように仕かけてはいたものの、作為的に誘導することは厳に謹んでいました。もし、子どもたちが本当にゴミについて学びたいというのであれば〝それはそれでいいかな〟と、後半は腹をくくっていたくらいです。

## 3　教師としての方向転換

ここでいったん時間を遡り、ある小学校の授業を参観したときの話をしたいと思います。授業者は教職2年目の若い先生だったのですが、子どもたちが目の色を変えて総合の学習に取り組んでいました。とりわけ目を引いたのが、子どものぶつかり合うような意見の応酬です。

それまでの私の授業では、そういう場面がまったくありませんでした。というよりもむしろ、そうならないように仕向けていました。自分のレールにとにかく乗せたいから、子ども同士が言い合いにならないようにコントロールしていたのです。

そんな私が、若い先生の授業を見てハッとさせられました。〝十数年もの間、教師をやってきたのに、自分はなにをやってきたのだろう〟と。ある意味、それまでの私は逃げていたのだろうと思います。

そう気づいたとき、子どもたちに任せる部分は任せ、たとえ意見が食い違っても、教師が安易にコントロールしてしまわない。子どもたちが自分たちの力で納得解を得ていけるようにする。そのような授業づくりにチャレンジしてみたくなったのです。

こうしたことがあって、子どもが仮に（銭湯ではなく）「ゴミについて学ぶ」と決めたとしたら、学年の先生とも協議したうえで〝自分の計画のほうを軌道修正すればいい〟（学年に銭湯をもちかけたのは、ほかならぬ私自身なのですが、恥を忍んで自分の学級だけゴミを扱うことの了解をもらえばいい）と考えられるようになったのだと思います。何年もかかりましたが、指導の仕方のみならず、指導の考え方もずいぶんと変わったように思います。

## 4　Bさんの決意

いざ銭湯には決まったものの、「では、実際になにをやるのか」という段になると、途端に話し合いが停滞することになります。「どうやってお湯を沸かしているのだろう」などといった発言はあるものの、解決すべき具体的な課題が見えてきません。銭湯を利用したことのある子どもはほとんどいませんから、イメージが湧かなかったのです。

このことは、子どもたちも理解していました。「だったらさ、みんなで銭湯に入ってみるのが一番なんじゃない？」と促してくれる子が現れます。「自分たちが実際に利用してみないと、なにが課題なのかわからないよね」と意見が一致します（まさに無理な誘導を行うことなく、我が意を得たりといったところでしょうか）。

そのタイミングを見計らって私は、次のように促しました。
「みんなは『銭湯に入りに行きたい』と言うけれども、すぐに『いいよ』とは言えないよ。校長先生の許可、おうちの人の許可、銭湯の人の許可が必要になるよね。それと、銭湯の開店時間は夕方の4時だから、授業時間に行くには、いつもより早く開店してもらうことも必要になるはず。そこで、みんなで分担して許可をもらいに行ってはどうかな」

このとき、Bさんは手を挙げ、「校長先生に許可をもらいに行く」グループに入りました。その後、実際に校長室に行き、「銭湯に行きたいので、学校の外に出させてほしい」とお願いします。私はその様子を子どもたちの後ろから見ていました。すると、校長先生は「なぜ、授業で銭湯に行くの？」と切り返してきました。

これには私もびっくりです。実践内容については事前に報告して理解を得ておいたので、単純に「いいよ」と言ってくれるものと思い込んでいたのです。ですから、「校長先生がもし聞き返してきたら？」などと子どもたちと想定問答など行っていません。どうなることかとヒヤヒヤです。

すると、Bさんが緊張した面持ちで、次のように言いました。
「わたしたち、『実際に銭湯に行ってみないわからないことがある』と本気で話し合っています。だけど、家族に頼んでも銭湯に行けない家だってあります。だから、みんなで銭湯に行って、同じ体験をして、みんなで学習したいんです。授業で行く意味はあると思います」

堂々と校長先生に意見を言っているものの、足がふるえているのがわかりました。それを見た瞬間、私のほうは心がふるえました。

実を言うとこのＢさん、学習材を決める際には、最後まで「ゴミのほうがいい」と主張していた子だったのです。「銭湯なんかやったってしょうがないよ」ときわめて否定的な子でした。それなのに…本当に驚きました。

Ｂさんの説明を聞き終えた校長先生は、「そういうことならいいでしょう。銭湯に行くことを許可します」と言ってくれました。子どもたちはみなほっとした表情を浮かべました。

教室に戻ると、みんな待ちかまえていて、一様に〝どうだった？〟という視線を向けます。それに対して「ＯＫでした！」と言った瞬間、「イエーイ」とクラス中が歓喜に包まれます。Ｂさんの頬には涙がつたっていました。

最初は全く興味をもてなかったものの、クラスメイトと学び合うことを通じて興味をもてるようになり、やがて本気になり、「自分もみんなの役に立ちたい」と思ってアクションを起こし、クラスメイトからの喝采を浴びたのです。

クラスメイトが託してくれたのに、万が一にも許可がもらえなかったどうしようという不安だってあったはずです。うれしさがこみ上げるとともに、心から安堵したのでしょう。

おそらくですが、彼女がゴミにこだわったのは、ゴミそのものがよかっただけではないと思います。大衆浴場は不衛生だと考える人、羞恥心から敬遠する人も、なかにはいます。そのような考えをもつ人が家族にいれば、おのずと銭湯に行く機会はありません。Bさんにしてみれば、自分の家では行けそうにない銭湯に決まるのが嫌だったのではないかという気がします。

## 5　子どもたちが見いだした課題

いよいよ銭湯に行く日がやってきます。時期は11月。子どもたちは男女合わせて100人ほど。2回に分けての遠征軍です。

で、実際に銭湯で風呂に入り、学校に帰ってきて話し合いをしてみると、「銭湯はものすごくいい！」という意見が多数を占めました。なかには、「天国のようなところだ」などと口にする子もいて、大盛り上がりです。

子どもたちが高揚しているこのタイミングで、私は一つの資料を提示しました。過去数十年間にわたって千住にある銭湯の数がどうなっているか、その推移を示す資料です。かつては十数軒もあったのが、どんどん減ってしまい、現在は4軒しかありません。その4件も17年後にはなくなってしまうという試算です。この資料を見れば、千住の銭湯がどんな苦境に立たされているかが一目瞭然です。

それを見た子どもたちは、自分たちがこんなにいいいと思っているところが現実には減っている。銭湯体験のすばらしさとのギャップを感じて、自分たちが解決したいと思える課題をつかみ取ります。

おのずと「千住の銭湯のすばらしさを地域の人たちに知ってもらうことはできないものか」が、子どもたちの話し合いの中心となっていきます。

## 6　子どもたちの成長する姿

銭湯実践は、私たち教師にとっても大きな収穫でした。子どもたちが成長する様子を実によく見て取れたからです。

たとえば、ガイドブックを制作する活動では、「この1時間では○○を行う、次の1時間では…」と自ら見通しをもって学習を進め、最終的には自分たちの力でまとめまで行っていました。クラスメイトとの合意のもとで本気で向き合える課題をもてれば、（3年生であっても）〝ここまで自分たちで学習を進めていけるのか〟と驚きをもって見守っていました。

こうした事柄も総合のよさだと思います。

そもそも単元の時間数が多い総合です。その総合において、課題の解決に向けて自ら見通しをもって学習を進めていけるということは、5〜10時間程度の時間数で構成する他教科等の単元で同じことができないわけはありません。

しかも総合は、たとえどこかでつまずいたり失敗したりしても、そのつど挽回できるという特質があります。こうしたことから、**総合が他教科等における「学び方」を学び、「学ぶ力」を鍛えるトレーニングの場にもなっていた**ということです。

活動が進むうちに、子どもたちのなかで「授業は自分たちでつくっていくんだ」というメンタルが形成されていったように思います。それにつれて、教師である私のやるべき仕事はどんどん減っていきました。教師が促さなくても子ども同士の対話は活発化するのですから、私の役目は板書などで子どもたちの発言で整理していればよいことになります。

「自分たちが本気になればいろいろなことができる」といった学びに向かう姿勢が見られるようになったのも、彼らの成長の証です。クラスメイトと一緒に学び合うことの価値を見いだしているにほかならないからです。その源泉となるのが「学ぶたのしさ」です。

私自身としては、「いままでできなかったことが、できるようになることがたのしい」と思えるようになることを意図していたのですが、子どものほうは「学ぶこと自体がたのしい」と受け止めていたように思います。

たとえ学力が高くなくても、意欲的に取り組む姿が見られるたびに、「とんちんかんな発言なのだとしても、自分の意見は言っていく」という子どもの強い意思を感じていました。その意思の背後には、どんな発言であってもクラスメイトが受け入れてくれるという心理的安全性があったのだろうと思います。

あるとき、こんな場面がありました。

Ｃくんがクラス全体に対して「ぼくの意見について、みんなはどう思う？」と促しました。その途端、一斉に子どもの手が挙がったのですが、１人だけうつむいたままのＤくんがいました。その様子に気づいたＣくんが「Ｄくんは、どう思う？」と尋ねます。すると、「ちょっと自信がないから…」とＤくんは言いよどみます。それに対して、Ｃくんはこう言いました。

「いいじゃん。だって総合には答えがないんだから、自分の言いたいことを言えばいいんだ。だから言おうよ」

そこでようやくDくんは自分の意見を口にしたのですが、このやりとりをきっかけとして、Dくんの発言は（少しずつですが）増えていきました。

総合での学びが、子どもたちにどのような影響を及ぼすのかがよくわかる一幕だと思います。3年生であっても、「こんな発想をもってクラスメイトに働きかけることができるのか」「クラスメイトからの働きかけによって背中を押され、これほどまでに自らを変えていけるものなのか」と驚かされました。

## 7　活動を通して人とつながる

総合の活動を通して、〃「人とつながる」ということが本当にあるんだな〃と強く感じます。実践する前、銭湯に行ったことがある子どもはほとんどいませんでしたが、学習が進むにつれてどんどん興味が湧いたようで、家族を説得して定期的に銭湯に通うようになった子どもが少なからずいました。

銭湯に入りに来る子どもが少ない現実もあって、行くたびにだれかから話しかけられます。そのようにして、地域の知り合いが増えていきます。休み時間の際にも「昨日は銭湯で知らないおばさんと知り合いになった」といった話題が出ていたくらいです。

ほかにも、銭湯のイベントに参加する子ども、スタンプラリーに見立てて足立区にあるすべての銭湯を回ってくる子ども、4年生になってからも通う子どももいるなど、（いずれも保護者同伴ですが）子どもたちの生活に銭湯が根づいていったように思います。「運動会が終わったあとに家族で銭湯に入りに行ったんです」と報告を受けたときは、なんだか心がポカポカしました。

こんなふうに、授業を通して地域の人や見ず知らない人たちと知り合えて、そのことが教室での子どもたちの話題にのぼるというのは、これまでの私の実践では見られないことでした。

## 8 総合の魅力とむずかしさ

総合の学びはやはり、予測できないところに魅力があるように思います。

ある種の非日常が、子どもの知的好奇心をかきたてる、大人になるにつれて「面倒くさいな」「怖いな」などと思ってしまうような事柄に対してワクワク感をもちはじめる、そんな魅力です。

ただ、そうした知的好奇心やワクワク感は瞬間的なもので、ほったらかしにしていればすぐにしぼんでしまいます。しかし、解決をめざす課題が自分ごととなり、クラスのなかで自分の役割・持ち場が明確で「少しでも役に立ちたい」という思いをもつにいたると、途端に持続的な知的好奇心やワクワク感となります。なにより、子どもたちの目の色が変わります。本気になった瞬間です。そうした本気は、やがて自分の日常の外へ向かっていこうとします。

子どもが学校の外に出たがるようになるというのも、単なる興味本位だけではなく、いつもと違う場所（非日常）に飛び込んでいって、自分の学びを見つけたいという素直な気持ちの表れなのかもしれません。

以前、校内を探検しながらごみを拾う活動を行っていたときのことです。校内をくまなく探して、ゴミをたくさん集めたところ、子どもからは「学校にこれだけのゴミがあるんだから、学校の外はもっと大変なはずだ」「商店街の路地裏にゴミがたくさん落ちているのを知っている」といった発言が出てきて、〝先生、これから見に行こうって言ってくれないかな〟とウズウズした表情を浮かべました。こんなときに、〝とにかく学校を飛び出していって、いろいろなことを外で学んでみたいんだな〟と感じます。

このときもし、あらかじめ決めたことを決めたとおりにこなしていくような校外学習にしてしまったら、あっという間に子どもたちのワクワク感は消えてしまうでしょう。だからこそ、「思わぬものに出くわした」「こんなことは予想できなかった」という出来事を必要とするのです。そうした場面に出合ったとき、子どもは自らの「問い」を獲得します。

教師としてはここがむずかしいところで、（殊に総合においては）あらかじめ計画を立てるものの、計画に縛られない柔軟な展開をどう考えていけばよいか、つど悩みつづけなければなりません。なんの意図もなく計画どおりに進めようとすれば、子どもの活動が受け身となり、「思いや願い」もしぼんでしまいます。

それに対して、不自由な自由というか、一定の制約下のもとで、子どもたち自身がおおいに選択・判断できる余地がある活動であれば、子どもたちは前へ前へと進んでいこうとすると思います。

## 学び方スペシャリスト

世の中には、名人級だと言われる教師がいます。そんなかれらは、授業開始5分で子どもの興味・関心を高め、意欲的に活動に取り組めるように授業を徹頭徹尾コントロールできる力をもっています。それ自体は、すばらしいことだと思います。

その一方で、次のような違和感が、私にはあります。

たとえどれだけすばらしい指導であったとしても、それは教師のパフォーマンスであって、子どもたちのパフォーマンスではないはず。そうとらえると、なまじ教師のお膳立てが完璧であるほどに、子どもたちは自分発の力で学ぶことができなくなってしまうのではないだろうか…と。

現実問題、（殊に小学校教育の場合）どの教科においても質の高い授業を行うことは不可能です。自分が専門教科だと位置づけている教科の授業づくりですら、そのつど悩みながらですから。

だったら発想を変え、（教師のパフォーマンスも大切ですが）子どもたち自身がパフォーマンスを発揮できるようにしたほうがいいと思うのです。どの教科の授業においても、教師である私がいかに教えるかではなく、子どもが自分の学習の見通しをもち、リフレクションを繰り返しながら自己の学習を調整し、（たとえそのレベルが低かったとしても）自分なりの力で学んでいける術を子どもが身につけられるほうが、質の高い授業だと言えるのではないでしょうか。

**自分なりの学び方を知る、鍛える、できれば学び方の引き出しをたくさん獲得できるようにすることこそ、これからの学校教育に欠かせないことなのではないか**と思います。

自分自身で個別最適化する学び方と、クラスメイトと協働的に学ぶ学び方は、様式としてはそれぞれだと思いますが、その行き着く先では、おそらく混じり合うのではないかと思います。そうだとするならば、教科の授業という文脈のなかで、学び方を使い分けられるようになったら、はるかにその子の将来に寄与すると思います。

これは教師自身の学びにおいても変わりません。自分が解決したいと本当に思える課題を見つけるために（教育書に限らず幅広く）書籍を読んだり講演を聴いたりするといった個別最適な学び方もあるし、校内研修をはじめとして仲間同士で協働的に学ぶ学び方もあります。そして、そのようにして学んだことを授業の場で実践し、リフレクションを通して次の課題解決に向かっていくのも学び方です。

こうした学び方はどれも重要で、どれが一番という話ではありません。自分の課題解決に向けて、さまざまな学び方を身につけ、使い分けられることの重要性は業界を問いません。こうした学び方の素地を小学校段階で培うことができれば、その子がよりよく生きていくための武器になります。

このように考えたとき、総合の学びは替えの効かないものだと思います。いくどとなく失敗し、しかもそれが個人の責任として押しつけられることがないならば、失敗に対するハードルが低くなり、（時間的制約はあるにせよ）教師の側が待てさえすれば、何度でもトライアル＆エラーができるからです。

このような学ぶ姿勢と方法を身につけた子どもは、他教科等においても「課題は自分たちで立てたいよね」とか、「立てた課題に対してこの1時間をどう使うか」、あるいは「今日の課題はむずかしいからグループで話し合いたいよね」とか、「この課題だったら自分でまずアイデアを出しても悪くないな」などと言い出します。

教師が仕向けるよりもはるかに意欲的だし、「本当にできるかわからない事柄」に対してもポジティブに受け止めます。そして、新しいチャレンジを通して自分の学び方をアップデートしていきます。

これからの時代はとりわけ、「教師ががんばる授業」ではなく、「子どもががんばれる授業」にしていくことこそ、求められるのだと思います。

# 第3章

# 教師としての「学ぶ力」を鍛える

# 自分自身の成長をどう促すか

「子どもを惹きつける授業をしたい」「学習者主体の授業がしたい」など、めざす教師像は人それぞれですが、どの先生方も教師として成長したいと望んでいると思います。ただその一方で、なにから手をつけてよいのかわからず足踏みしている、自分がどのような姿になれば本当に成長したとみなせるのかイメージするのがむずかしいと思っている方も少なくないでしょう。

がむしゃらに授業をしていても手応えを感じられないままであれば、やがて苦しくなり、努力しつづけることがむずかしくなります。そんな私も、かつてはその一人で、校内の研究授業はもとより、区や都の研究会でも研究授業にチャレンジしていましたが、自分が本当に成長しているのか自信をもてずにいました。

そこで本章では、教師としての自分の成長をどう促していけばよいか、自分なりの経験や考えに基づいて紹介したいと思います。

## 「学び方」を学ぶ

　結論から言えば、自分の成長を促す「学び方」を知ることです。一見すると、とても当たり前のことのように見えると思いますが、自分に必要な「学び方」を獲得している方は、案外少ないものです。

　たとえば私自身、教師になって間もないころなど、「学び方」を意識しないまま仕事をしていました。大学生時代、高校生時代も「どのような方法で学習すれば、自分は成長できるのか」などと自問自答することもなく、そのときどきの先生から教わったことを反芻するような学び方でした。

　せいぜい、自分の興味のある本を読んで知識をインプットする程度。それでも、高校、大学と進学し、教師にもなれたので、自分が適切な「学び方」を身につけているかなど、気にしたこともなかったのです。

　ところが、教師になって数年が経ったころ、あることに気づきました。それは、教職年数は変わらないのに、教師としての成長度に顕著な差があったことです。〝自分なりにがんばって学んでいるはずなのに、こんなに差がつくのはどうしてだろう？〟という疑問が湧いてきました。〝どうやら人の成長というものは、学んだ時間に比例するわけではなさそうだ〟と。

社会人になったばかりの新人が、ベテランよりもいい成果を出すといったことは、けっして珍しいことではありません。教師の世界でも同様です。これは、ビギナーズラックよろしく、たまたまでしょうか。そういう場合もあるでしょう。では、才能やセンスの問題でしょうか。それは大いにありえそうです。

このとき、着眼したいのが「才能やセンス」の出どころです。先天的な能力だと考えることもできますが、どちらかというと、(家族や教師などによる)優れたコーチングに基づく後天的なトレーニングの賜物であるように思うのです。すなわち、自分に適した「学び方」をマスターできれば、効率的に自分を成長させられるという考え方です。

実際に私自身、自分に適した「学び方」を学ぶなかで、「学び方」には「考え方」と「方法」の2つの軸があることに気づきました。この双方を身につけることができれば、間違いなく「才能やセンス」が磨かれ、自分の成長するスピードが加速度を増します。

超凡人の私が言うのですから、間違いなしです。

では早速、その2つの軸を紹介していきましょう。

# 「考え方」を学ぶマインドセット

結論から先に言うと、「自分はやればできると心の底から信じるマインドを獲得すること」です。この「考え方」は、「いま自分ができていないのは、ただやっていないだけだ」と思えることとセットです。

これは、何十冊もの本を読んで得た「考え方」であり、実際にやってみて〝間違いないな〟と確信するにいたりました。

「やればできる」と自分を信じることができれば、新しいチャレンジに対して、〝自分にもできるかな〟〝本当に大丈夫かな〟などとあれこれと悩む必要がなくなり、〝とにかくやってみよう〟という気持ちになります。すなわち、悩む時間を「いま、自分にできること」を考えて実際に行動する時間に変えられるのです。

仮にもし、〝自分には無理なんじゃないかな〟などと思った瞬間に、行動に移す足が止まります。いくら成長を望んでいても、行動に移せなければなにも変えられません。

私自身、『エヴァンゲリオン』の主人公・碇シンジくんの名言「逃げちゃだめだ、逃げちゃだめだ」に習って、「やればできる、やればできる」とつぶやくのを自分のクセにしています。私の身に起きた3年にわたる苦難も、このつぶやきによって乗り越えられたように思います（と言っても、シンジくんのように、苦しく厳しい現実から逃げ出さずに自分を追い込むつぶやきではなく、物事をポジティブにとらえるためのつぶやきです）。

そんな私も、教師になった当初はまったく違っていました。前述したように、研究授業などにチャレンジこそしていたものの、自分は本当に成長できると心からは信じていなかったからです。その根底にはいつも、自分に対する自信のなさがあります。

学生時代、自分なりにがんばって勉強していた割には、友人と比べてあまりよい成績ではなかったことが、私のネガティブ・マインドを肥大化させる根となりました。その結果、学歴コンプレックスを抱える羽目になり、それが巡り巡って教師としての自分の成長を自ら妨げていたわけです。

それに対して、いまの私は学歴コンプレックスを克服しています。しかしそれは、以前より勉強ができるようになったからではありません。だれかと自分を比べることを完全にやめた（比較することになんの意味も見いださなくなった）からです。

さて、ここで1つ質問です。先を読み進める前に、3秒間ほど考えてみてください。

最近、挑戦してみたいけど「自分には無理だ」と思ったことはなんですか？

「研究授業なんて自分には荷が重い」「研究主任なんて自分には務まらない」「自由進度学習はたいへんすぎる」など、いろいろな「自分には無理だ」と思うことが頭に浮かんだのではないでしょうか。

では、次の質問です。

## それは、どのような理由からそう思ったのですか？

「これまでやったことがないから」「忙しすぎて時間がないから」「自分には、その才能やセンスがないから」など、これもまたいろいろな「理由」が頭に浮かんだと思います。

次が、最後の質問です。

## その理由は、本当ですか？

心の底から「本当だ」と思えることは、少ないのではないでしょうか。

新しいことや自信がもてないこと、かつて自分がうまくいかなかったことを自分から遠ざけるために、人は自分を信じ込ませる理由を考え出すものです。しかし、どれだけその理由がもっともらしくても、自分自身を騙し通すことはできません。それに、そんなネガティブ・マインドに縛られてしまえば、仕事に対するモチベーションも下がるばかりです。

結局のところ、「できるか・できないか」は、センスや能力以前に、自分の「考え方」次第なのです。それでもなお、センスや能力に着目するのであれば、「自分にセンスはあるのか？」と問いかけても意味がありません。「自分は今日からセンスや能力を磨くんだ」と言い聞かせることです。そうできれば、「そのために必要な方法はなにか」と自分に問うことができるようになります。

アメリカのバスケットボールリーグ・NBAに、レイ・アレンというプレイヤーがいました。オールスターゲームにも10回出場し、スリーポイントシューㇳの名手として知られた選手で、私が大好きな選手の一人です。

そんなかれと評論家との次のやりとりが、私に大きなきっかけを与えてくれました。

「あなたはすばらしいギフトを神さまに与えてもらったのですね」

この言葉に、かれはこう答えます。

「そんなふうに言われたびに、本当に腹が立つよ。だからこう言い返すんだ。『ぼくの毎日の努力を軽く見ないでくれ』ってね。ときどき、じゃない、毎日だ。かつてぼくと同じチームにいた選手に、一番シュート練習をするのはだれか、聞いてみてくれ。シアトルでもミルウォーキーでもいい。みんなぼくだって言うはずさ」

レイ・アレンを指導した高校のコーチは次のように語っています。

「彼は当時、シュートがうまい選手だったとはとても言えないよ。むしろ、下手だったくらいだね」

元野球選手のイチローさんも、インタビューアーにかつてこう答えたと言います。

「努力せずになにかできるようになる人のことを天才というなら、ぼくはそうじゃない。努力した結果、なにかができるようになる人のことを天才というなら、ぼくはそうだと思う」

かれらの逸話を耳にしたとき、世界のトッププレイヤーですら、「自分自身の努力によっていまの自分がある」と言っているのに、たいした努力もしていない私が、「才能やセンスがないから無理だ」とか「努力したからといってうまくいくとは限らない」などと考えること自体、〝おこがましいんじゃないか〟と思ったことを覚えています。

「自分はやればできると心の底から信じる」マインドは、年齢や性別を問いません。重要なことは、なにをもって「できる・できない」を判断するかです。重視すべきは、自分自身が昨日よりも今日、今日よりも明日へと少しでも成長を感じられることです。けっして、だれかと比較して自分はどうかなどと問うべきではありません。

このマインドの重要性は、子どもにおいても同様です。むしろ子どものもつ柔軟性を考えれば、その効果は絶大だと思うのです。そこで、「やればできる。できないのはやってないだけ」というマインドを学級経営に生かすことにもチャレンジしています。

たとえば、漢字テスト。いつも満点のAさんを横目に、Bくんは〝自分は漢字が苦手だから、Aさんにはかなわない〟と思い込んでいます。こんなとき、私は次のようにBくんに声をかけます。

「Aさんはなぜ漢字テストで満点を取れていると思う？　漢字が得意だからかな。私はそう思わない。彼女が自主学習でずっと漢字を練習していることを知ってるから。あるとき、『どうしてそんなにがんばるの？』と聞いてみたら、『漢字を覚えるのが苦手だから』と言っていたよ。Aさんは努力をつづけているから、結果を出せてるんじゃないかな。もちろん、満点になるに越したことはないけど、Bくんが今日の50点を次の漢字テストで60点にすることができたら、本当にすごいことだと思うよ。だれかと比べて『いい・悪い』ではなくて、自分の努力によって成長した証だからね」

ほかにも、班長や体育のチームリーダー、行事などの代表などを決める際になり手がいない場合で、その理由が経験不足によるものであったら、次の話を直接したり、学級通信で全員に伝えたりします。

「やったことがないことは怖いよね。でも、実際にやってみたら絶対できるし、そうなったらすごくたのしいと思うよ。先生もサポートするからやってみよう」

このようにして、子どもたちに「自分はやればできるんだ」という「考え方」の種をことあるごとに蒔きます。その種から芽が出る時期は、学級の育ちに左右されますが、芽吹くときは必ずやってきます。

私自身、小さいころから肌が白く、お菓子のミルクケーキみたいな体つきだったからか、「相馬さん、細いねぇ〜」などとよく言われていました。しかし、現在は違います。筋トレにめざめ、運動する直前にはプロテインを飲んで筋肉を育てた結果、映画『テルマエ・ロマエ』に主演された阿部寛さんくらいにまでなれました。

これは、自分自身が価値あることだと思って取り組んだことで、私にとっては非常に大きな変化です。頭をよくするトレーニングも筋肉トレと似ていて、だれでも鍛えることができると私は考えています。

ただし、一度は「やればできる」と信じることができても、ちょっとした失敗で自信を喪失してしまうのもまた人間です。そこで私は、次の事柄をプリントアウトし、引き出しにしまっています。

**〈「考え方」を変えるために、自分に言い聞かせること〉**

●努力で能力を伸ばせる。だから、自分もできる。
●自分のやっていることは努力で成し遂げられる。だから、自分はできる。
●「これが重要だ！」と思うことは努力によって獲得できる。だから、自分はできる。
●うまくいく人といかない人の違いは努力の仕方の違いだけだ。だから、自分はできる。
●もし自分より結果を出せる人がいたら、その人は自分より努力しているからだ。だから、自分もできる。
●うまくいっている人は正しい努力をしてきた証拠だ。だから、自分もできる。

くじけそうになったとき、自分がめざしていることは本当に価値があるのだろうかと迷ったときは、このプリントを引き出しからそっと取り出し、声に出して読むようにしています。

## 成長するための「方法」

上述のように「努力しつづければ、自分はできる、だからやろう！」というマインドを獲得するには、それと並行して「方法」も学ばなければなりません。

〝教師として自分は成長できるのか〟〝自分が選んだこの世界で、どうすれば能力を発揮できるようになるのか〟などと自らに問えば、とてもむずかしいことのように思えてきます。

なぜなら、一口に努力と言っても、効果のある努力もあれば、そうでもない努力もあるし、数日で効果を得られる場合もあれば、何年もかかる場合もあるからです。とするならば、効率的に効果を上げられる努力とはいったいなんなのかが気になってきます。

そのポイントを挙げるとすれば、次の5つに集約することができます。

1　明確な理想像と目的をもつ
2　具体的な目標を決める
3　具体的な場を設定して集中的に行う

4　成果や課題をリフレクションしつづける
5　コンフォート・ゾーン（居心地のよいぬるま湯）から抜け出す

では、一つ一つ見ていきましょう。

## 1　明確な理想像と目的をもつ

ここでいう理想像とは「自分が心から実現したいと思える具体的な成長イメージ」であり、目的とは「なんのために実現したいのか」です。これらは、自分を成長させるうえで欠かせない絶対条件であり、不明確なままであれば努力のしようがありません。

一見すると、当たり前のように思われるかもしれませんが、「明確な理想像」を言語化するのは、意外とむずかしいものです。

ここではまず、旅行を例に考えてみます。

「明日からのゴールデンウィークに海外旅行に行くぞ！　行く国は決めてないけど…」という人はあまりいないと思います。

時間に余裕がある学生さんが、行く当てのない旅に出かけるということはあるかもしれませんが、一般的には、たとえば①行き先はリゾート地である、②目的は疲れた心身のリフレッシュであるなど、旅行イメージと目的を明らかにすると思います。そうすることで、①旅行期間は何日から何日までである、②交通手段は旅客機と列車である、③宿泊先は歴史のあるホテルであるなどといった具体的な計画を立てることができます。

これと考え方は基本的に同じです。

たとえばここでは、「学習者主体の授業」が理想像だとします。それに対して、次のように自分自身に問うてみます。

「なにがどうなったら、私は自分の授業を学習者主体だと判断するのか」
↓回答例：どの子も真剣に考えている、など。
「なんのために、私は学習者主体の授業をめざすのか」
↓回答例：先行き不透明な時代を生きる資質・能力を育てるため、など。

ちゃんと回答しているようでいて、なんとなくふわっとしていますよね。そのふわっとしているところを、より明確なイメージになるように深掘りしていくのです。それが、教師としての自分を成長させる最初の一歩となります。

参考までに、私の理想とする教師像を挙げておきたいと思います。

〈私の理想とする教師像〉

- 子どもに寄り添える教師
- 子どもが楽しいと思える授業を展開できる教師
- 常に学びつづける教師
- 自分のことを大切にできる教師

このように、まずは言語化してみることです。大学ノートやコピー用紙でもいいし、スマホやPCのメモ帳アプリでもかまいません。自分は「どんな授業をしたいのか」、そのために「どんな教師になりたいか」を書き出してみましょう。

最初のうちは、うまく思い浮かばないかもしれませんが、最初の1回で完璧に仕上げようとは思わないことです。書き尽くしたと思ったらそこでやめ、数日経ったら見返してみて書き替えていきます。そうするうちに、だんだんと自分の理想像と目的が明確になっていきます。

## 2 具体的な目標を決める

理想像と目的が明確になったら、次は目標の設定です。先ほど紹介した私自身の「理想とする教師像」に紐づく目標を列記してみます。

①子どもに寄り添える教師

●自分の直感を信じて、なにかしら気になることがあったら、その場で一声かける。
●子どもの話を最後まで聞く。子どもの顔を見る。反応する。共感する。話の途中で絶対に遮らない。話が終わったら、この先どうしたいのか（希望）を聞く。具体的になにをするかを決める。メモを取って確認する。
●アドバイスを超短く言う。言いたいことがたくさんあっても１つに絞る。それ以外のことは、その場では言わない。
●「この子にとって最善の方法は？」と考えるようにする。

②子どもが楽しいと思える授業を展開できる教師

●自分たちで授業を進めている感覚をもてるようにする。子どもがめあてを立て、活動方法を決め、まとめ、振り返られるようにする。そのために最適な支援ができるように心がける。子どもに手伝ってほしいことを聞くようにする。
●教材の魅力、楽しいと思える部分を見つける。教材の魅力を伝えられる手立てを考える。

●話し合う活動がより充実するために、話し合い方と聞き方のレベルアップを図る。特に聞き方を重視する。アクティブ・リスニング。頷き、反応、問いかけ。相手のためを思って真剣に話を聞く姿勢。

●身についたことを自覚できるようにする。

●子どもが書いた振り返りのなかにクラスメイトのよさが書かれていたら、子どもに直接伝えるか、朝の小話や授業の終わりに紹介する。

### ③常に学びつづける教師

●新しい知識をインプットするために、毎日30分以上読書をする。電車に乗っているときは本かKindleを開くようにする。毎年3月中は、考え方のレベルアップを図る。

●学んだことは朝の小話でアウトプットする。妻にも話す。

●やりっぱなしにしないために、授業の振り返りを書く。すぐ改善できることは次の授業から取り入れる。時間がかかりそうなことがあれば継続して取り組んでみる。解決方法がわからない場合は、本を購入して読む。

●授業の改善点を見つけるために、「授業がどうだったか」を子どもに直接聞く。改善して次の授業に生かす。

●定期的にアンケートを取る。子どもと自分の認識のズレを埋める。

●仕事の仕方で参考になると思ったことがあったら同僚に詳細を聞く。

**④自分のことを大切にできる教師**

●自分のがんばりを自覚できるようにするために、取り組んだことを書き出す。
●寝る前に感謝したいことを3つ以上書き出す。
●健康な体をつくるために、週4回筋トレする。サプリを取る。
●怪我や痛みを予防するために、毎日5分間ストレッチする。
●心を落ち着かせるために、瞑想を5分する。
●悩みごとにとらわれないように、（第2章で紹介した）「ゼロ秒思考」を本来の方法で毎日10分行う。
●時間を最大限効率化するために、「ゼロ秒思考」中にタスクを書き出す、整理する、取り組む時間を決める。

ここで掲げた「目標」は「行動目標」であり「努力目標」です。さらに言えば、「目的」を達成するための着眼点であり、心構えであり、トレーニング方法であり、目標実現の判断基準だとも言えるでしょう。たとえば、「子どもに寄り添える教師」であれば、「今日、子どもの言動で気になることがあったときに、その場で一声をかけられたか？」↓

「一声かけた。よし、寄り添えたぞ」といった調子で1日を振り返ります。

このようにして具体的な目標を掲げ、実際に行動に移すことができたかを一つ一つ確認することを通して、少しずつ自分の考える理想像に近づいていくという「方法」です。いずれも短期的なものではなく、長期にわたって継続していくことなので、どのような目標にするかは吟味が必要です。

## 3 具体的な場を設定して集中的に行う

自分の目的遂行のために掲げた目標だとはいえ、前述の①や②に紐づく目標であれば、平素の教育活動全般をターゲティングして総括的に自己評価することはできません。そこで必要となるのが、どのような場で目標を実現するかです。

私の場合は、集中的に行う場として研究授業を活用しています。研究授業は、1時間の授業にフォーカスするのに適しているし、多くの先生に見てもらえる場なので、自分自身の目標実現の場として適していると考えるからです。

研究授業を行うに当たっては、学年の先生と話し合い、どのように進めるのかを決めたうえで研究の趣旨、指導案と細案を作成します（以前、研究授業を行うために、実際に作成した資料1～3を掲載します）。

## 資料１　研究の趣旨

令和４年度 研究主題

**自分の思いや考えを自信をもって表現できる児童の育成**

提案部会：第４学年

**研究について**

（1）４年生の考える「自信」と理想像

**自信とは、いくつかの行動パターンに自信というラベルを貼ったことだと考える。**自信それ自体は存在しないとも言える。「あの児童は、自信をもって発表している」「この児童は自信をもって発表していない」といったラベルは、一連の行動の契約に過ぎない。適切な声で話す、よい姿勢を保っている、スラスラ話す、アイコンタクトをとる、身振り手振りといった、いくつかの行動パタコーンを身に付けていたら、その児童は「自信をもって話している」ように見える。

もし、内心では自信がないという自分のイメージを持っていたとしても、適切な声で、姿勢よく、笑顔で、スラスラと、アイコンタクトを取りながら話せていたとき、「周りで聞いている児童が心地よく理解できる」とか「言いたいことが伝わった」と言った本研究の「自信をもって表現できる児童」に近づいたと言えるのではないか。

準備・練習・対人スキルの習得という具体的な行動をとれるかどうかを重要視し、自信というラベルに対して、するべき行動を具体的にした上で児童が１つずつ改善していくことができれば、自信をもって発表できる児童を育成できると考える。

これらのことから、**４年生が目指す児童像は、話し方や聞き方のスキルを振り返り、よりよい発表ができるように努力する児童とする。**

（2）発表に自信をもてる指導の工夫

発表に自信をもてる指導の工夫として、児童が自ら振り返りを行えるようにガイドブックを作製した。自信をもって表現できる具体的な行動を「自信をもって発表できるようになるパーフェクトガイドブック」にまとめ、児童と共有している。ガイドブックは、下記の視点でまとめてある。

①　自信をもつための考え方
②　話しやすい雰囲気を作るために
③　具体的な話し方のポイント
④　具体的な聞き方のポイント
⑤　チェックリスト一覧

このガイドブックを基に都度指導したり、振り返ったりする場面を設けている。

１回目の研究授業で使用された２年生の花丸貯金や協議会での協議内容から、具体的な行動を明らかにした上で、行動を振り返るためのチェックリストが有効なのではないかと考えたからである。

なお、ガイドブックに関してはこれを完成とするのではなく、児童の意見も取り入れながら内容の改善を図っていく予定である。

## 資料2　指導案

### 第4学年　道徳科学習指導案

日時　令和4年6月15日(水)
第5校時　13：35～14：20
対象　第4学年3組　30　名
授業者　主任教諭　相馬　亨
会　場　　図　書　室

1　主題名　「友達と助け合う」 B-(9)友情・信頼
2　教材名　「同じ仲間だから」(出典：「小学生の道徳4」廣済堂あかつき)
3　本時について
(1) 目標
仲間外れにされそうになっている光夫に対するとも子の心の動きについて考えることを通して、友達と互いに理解し、助け合っていこうとする心情を育てる。
(2) 展開

| | 学習活動<br>○発問　◎中心的な発問　・予想される反応 | ●　指導上の留意点　☆評価<br>◇研究に関わる留意点 |
|---|---|---|
| 導入 | 1　本時のねらいとする道徳的価値について知り、具体的な経験を発表する。<br>○　友達と助け合えないときってどんなとき？<br>・　言いにくいことがあるとき<br>・　ケンカしているとき | ●　本時の主題に触れ、学習の方向付けをする。主題の理解を深めるために「助け合う」の言葉イメージを共有する。<br>●　教材の内容とつながるように、「助け合えないとき」について発表させる。 |
| 展開 | 2　教材を読んで、とも子が返事に困ってしまったときの気持ちについて話し合う。<br>○　とも子は何と何の気持ちで迷い、返事に困ってしまったのでしょうか。<br>・　勝ちたい気持ちと友達を大切にしたい気持ち<br>・　光夫くんがいたらまた負けるかも<br>・　毎年負けるのは嫌だ。光夫くんがいなければ勝てるかもしれないのに<br>・　仲間外れはいけない<br><br>◎　自分がとも子の立場だったらこのあとどうしますか？<br>・　仲間外れはいけないことだから、幸治くんに「みんなで頑張ろう」と言う。<br>・　光夫くんを入れて一緒に練習して勝つ！ | ●　教材を読む前に、あらすじと発問する内容を予告し、読み取りに負担をかけないようにする。<br>●　とも子の揺れ動く気持ちを整理しやすくするために、「何と何」と答える範囲を限定して問う。<br><br>●　自分の考えを明確にするために、問いについて記述する時間を確保する。<br>◇　**グループ内で意見を交流する前に、話し合い方のポイント**を押さえる。 |
| 終末 | 3　本時の学習を振り返って、気付いたことや考えたことなどをワークシートに書く。 | ☆　とも子の心情を自分に置き換えて想像し、友達とお互いに理解し、助け合っていこうとする記述が見られる。(ワークシート) |

4　ユニット学習について

今年度、４年生の道徳授業ではユニット学習を行っている。ユニット学習とは、内容項目に関連のある複数の教材を複数時間扱い単元を作ることである。

ユニット学習の考え方は、下記の３点。

① １つのユニットは複数の教材を複数時間取り扱い、テーマに迫ることを目指している。
② 複数の教材を複数時間扱うことにより、児童が多面的・多角的に物事を考えることを目指している。
③ 児童の学習前、学習後の考え方を基に、多面的・多角的な見方が発展しているか、道徳的価値の理解が深まっているかを教師が見取り、内容面の変容を評価することを目指している。

ユニットテーマは、主に３つのパターンで組むことができる。

- 同じ価値内容を複数時間でユニットを組む
- テーマに即した異なる価値内容を組み合わせて複数時間ユニットとして組む
- 中心となるテーマを他の価値内容で補強してユニットを組む

現時点でのユニットは、上記の考え方を基にして下記の表のように組んでいる。

| ユニット数 | ユニットテーマ | 教材名 |
| --- | --- | --- |
| ユニット1 | よりよく過ごすには？ | 6　もどらない本<br>14　少しだけなら<br>4　おたまじゃくしの世話<br>2　言葉のまほう<br>12　雨のバスていりゅう所で |
| ユニット2 | 自分を成長させるには？ | 17　朝がくると<br>8　文字を書くよろこび<br>13　ゆめはみるものではなく、かなえるもの |
| ユニット3 | 友達を大切にするって？ | 15　同じ仲間だから（本時）<br>31　すれちがい<br>21　絵葉書と切手<br>10　真実を伝えるコミュニケーション<br>34　明の長所 |

板書計画

15　「同じ仲間だから」

本　　友達と助け合う ← 協力する　力を合わせる

友達と助け合えないときって
どんなとき？

- 仲があまりよくないとき
- 意見が合わないとき
- 注意しにくい関係のとき
- 気持ちはあるけど言えないとき

とも子は何と何で迷った？

とも子の気持ち

| 勝負に勝ちたい気持ち | 友達を大切にしたい気持ち |
| --- | --- |
| 光夫くんがいたら負けるかも | 仲間外れはいけないし |
| 毎年負けるのは嫌だ | 友達だったら一緒に頑張るべき |

自分がとも子の立場だったらどうする？

- 光夫くんを入れて一緒に頑張る
- みんな得意・不得意があるからカバーしあう
- 休ませて勝っても罪悪感があるから、一緒にやる
- 光夫くんをかなしませたくないし、光夫くんの気持ちを否定しない
- 外してまでやるのは、友達じゃなくなっちゃう
- 本人の気持ちを大切にしたい

## 資料3　細案

| | |
|---|---|
| 13:35～ | 事前準備として、右側のワークシートは貼っておく。<br>〈挨拶〉<br>○　今回の授業からユニット３に入ります。今回のテーマは、「友達を大切にするって？」です。全部で５回の授業を通してテーマを深めていきます。<br>○　今日の教材は15番の「同じ仲間だから」です。<br><br>※本時の視点の「助け合う」の言葉が抽象的なので、理解を深めるために下記を問う。<br>○　言葉の意味をみんなで共有しましょう。<br>「助け合う」と聞いてどんなことをイメージしますか？<br>C「協力する」「力を合わせる」「困っているときに助けること」<br>などが考えられるので短く板書してスパッと終わる。<br><br>○　じゃあ、１つめの質問です。「友達と助け合えないときってどんなとき？」○○なときで答えてください。<br>※中心発問で時間を取るために、ここは答えられる子から答えてもらう。話を聞いてメモする子、メモしながら発言する子、書かない子がいてもよしとする。<br>C「ケンカしてしまっているとき」<br>C「友達に言ったほうがいいんだけど言えないとき」<br>C「言いにくいことがあるとき」<br>C「あんまり仲がよくないとき」<br><br>○　みんなの助け合えないときのイメージがなんとなく言葉になりましたね。 |
| 13:40～ | ○　これから「同じ仲間だから」を先生が読みます。<br>このお話について簡単に説明しますね。<br>中心になる登場人物は、とも子と幸治と光夫の３人です。この３人は運動会の団体競技「台風の目」の同じグループです。光夫くんは運動がとっても苦手なんですね。クラスの弱点だと思われてしまいます。その光夫くんがケガをしてしまい…ある思いから幸治は休んだほうが言いよと言います。そして、幸治は「ともちゃんはどう思う？」と聞くんですね。それで、とも子はどう返事すべきか困ってしまいます。<br><br>○　先生が読み終えたら２つのことをみんなに聞きます。<br>１つめは、「とも子さんは何と何で迷い、返事に困ってしまったのか」、次に「そのことについてどう思うか」この２つのことを聞きます。考えながら聞いてください。 |
| 13:43～ | ○　教科書を範読する。 |
| 13:48～ | ○　とも子さんは何と何で迷い、返事に困ってしまったんでしょうか。<br>※ここで子供が何て言うかで板書の順序が変わりそう。<br>C「光夫を入れるか、入れないか」<br>C「光夫を入れるか、休んでほしいと言うか」<br>C「光夫と一緒に」「光夫には休んでもらう」<br>C「光夫くんがいたら負けちゃうからどうしよう」 |

14:04〜

C「」

子供の言葉を使いたいところ。上記の近い意味で板書する。

板書は、下記の内容のようにまとめる。板書の順序は展開次第。

| 勝負に勝ちたい気持ち<br>光夫を入れない | 友達を大切にしたい気持ち<br>光夫を入れる |
|---|---|
| 光夫くんがいたらまた負けるかも<br>毎年負けるのは嫌だ | 仲間外れはいけないし<br>友達だったら一緒に頑張るべき |

○ 光夫を入れないというのは、**どういう気持ちが強い**ってことかな。（抽象化作業）

C「勝負に勝ちたい」

C「負けたくない」

C「自分のことだけ考えてる」　T「もう少し具体的に言うと？」　C「勝ちたい」

○ 光夫くんを入れるっていうのは、**どういう気持ちが強い**のかな。（抽象化作業）

C「仲間外れはよくないって思ってると思う」

C「友達だったら一緒にやるべき」

C「助け合うべき」

C「光夫のことを考えてる」

（ここから保留）

○ 1つずつ聞くね。「勝負に勝ちたい気持ち」についてどう思った？

※この流れだと勝負にこだわる気持ちは良くないことと決めつける意見が多くなるかも。

**聞くなら「勝負に勝ちたい気持ちを大事にするのは共感できる？」くらいがいいか。**

C「毎年負けるのは嫌だし、勝ちたいと思うのは悪くない」（こういう発言でなさそうだけど）

C「光夫くんを抜かしてやるのはよくない」

C「光夫くんのことを考えてあげたほうがいい」

○ 「友達を大切に（協力）する」についてはどう思った？

C「同じクラスの仲間だから、一緒にやるべきだと思う」

C「光夫くんの意見も大事にしたいからいいと思う」

C「とも子さんが決めることじゃないので、光夫くんの考えが大事だと思った」

**※このあとの「どう思った」については聞く必要がないかも知れない。光夫を入れることが大事という偏りのある意見、主発問の「自分だったらどうするか」に重なってきてしまう可能性があるので。**

14:00〜

○ では、いつもの□のところね。言いながら書くので、みんなもプリントに書き込んでください。

「自分がとも子の立場だったらどうするか？」

2分時間を取りますので、自分の考えをプリントに書きます。

そのあとプリントに書いたことを基に、班で話し合いますからね。

（2分とる）

I・SやS・Yなど書くことに課題がある子を中心に声掛けをする。「キーワードだけ書けばいい

| | |
|---|---|
| 14:04～ | よ」「自分がとも子だったら光夫に何て声をかける？」<br>○ それでは時間になったので班で話し合います。<br>班で話すときのポイントを３つ。<br>1　友達の話は、全集中して最後まで聞きます。<br>2　反応します。うなずいたり、相槌を打ったりします。<br>3　７分間（全体の雰囲気を見て７～10分程度）話し続けます。そのために、「どう思った？」とか「どうしてそう思ったの？」とか質問するのが大切です。<br>班で話すときはこの３つのポイントをしっかりと押さえましょう。<br>では、話し合いを始めます。<br><br>※まず、全グループ話し合いがスタートしているか、素早く確認して回る。<br>話し合いがもたないグループには、「どうしてそう思ったの？」などの質問を実際に見せて使うように指導する。<br><br>※全体での話し合いは行わない予定。２組の話し合いを見た限り、全体での活動はただの発表で終わり、議論になりづらいから。<br>全体で議論するなら、主発問を変える必要があるのと、議論するための話し合いのスキルが必要。今の段階だとスキルに頼って議論を起こすのは難しい。<br><br>○ 本日の視点「友達と助け合う」について、「自分がとも子の立場だったらどうするか？」をテーマに話し合いを行いました。<br>話し合いの中で、言い方は違っても同じ考えだなぁと思ったことはありますか？（共通点を探る）<br>C「友達（光夫）のためを思って言ったほうがいい。」<br>C「相手のことを考えて言うことが大切」<br>C「誰にでも得意・不得意はあるから、一緒に乗り越えられるように協力することが大事という点です。」 |
| 14:16～ | ○ それでは道徳ファイルの左側に振り返りを書きます。<br>今日の授業を通して友達を大切にするってどう考えたか書いてみましょう。 |
| 14:19～ | ○ 終わりの時間になったので日直さん挨拶をしましょう。 |
| 14:20～ | ○ パーフェクトガイドブックを出します。チェックリストに今日の授業で使えた技をチェックしてごらん。 |
| 14:22～ | ○ 教室に戻ります。 |

指導案についてはまず最初に、授業中の発問、指示などを思いつく限り書き出します。次に、発問（問い）に対する子どもの反応や言いそうな言葉（答え）を書き出してみます。実際に書き出してみると、私の考える「問い」と、子どもがしそうな「答え」が一致しない点が明らかになるので、「問い」のほうに手を入れていきます。

また、一致していないわけではないのだけれど、子どもたちの学習状況などを思い浮かべたとき、むずかしすぎる（または、簡単すぎる）と思われる箇所についても修正します。その際、どんなことを子どもたちに問うか（内容）もさることながら、どのように問うか（どの程度のレベルの答えを求めるか、その難易度）も非常に重要です（この点については私自身、苦い思い出がたくさんあります）。

たとえば、次のような場面を想定してみます。

**【教科】** 道徳　**【学年】** 第3学年

**【主題】** 友達と互いに理解し合って　**【内容項目】** 友情・信頼

**【教材】** 同じ仲間だから（文部科学省『わたしたちの道徳』小学校3・4年）

**【発問の内容】** とも子さんは、「なに」と「なに」で迷い、返事に困ってしまったのか

**【発問の場面】** 範読後にとも子さんの気持ちを明らかにする場面

発問の内容や場面をこのように設定した私の意図は、次の2つです。

●この場面では、あまり時間をかけたくなかったこと。

●「どんなことで迷ったのか」ではなく、『なに』と『なに』で困ったのか」と発問することで、子どもの視点を特定の箇所にフォーカスし、「とも子さん」が迷った出来事の内容と、どのような理由で迷ったのかを考えやすくすること。

教室には、教材に登場する人物の気持ちを明らかにするのが得意な子どももいれば、不得意な子どももいます。

得意な子どもばかりであれば、「とも子さんは、なぜ、困ったのですか」と発問して、理由を考えさせることもできるでしょう（理由を挙げるには、「その根拠となる箇所も見つけなくっちゃ」などと自ら気づける必要があり、難易度が上がります）。

逆に、難易度を下げるのであれば、「とも子さんが困ったのは、どのような出来事があったからですか？　2つ見つけてください」と発問し、（理由を考えさせるのではなく）気になる箇所を見つける活動を挟みます（「『なに』と『なに』で困ったのか」という発問例は、いわば折衷案だと言えます）。

このように発問の内容と問い方は、教師の意図と子どもの状況に応じて柔軟に考える必要があり、子どもから引き出した言葉をつないで授業をつくっていくならば、なおのこと吟味が必要です。その後の授業展開がまるっきり変わりますから。いずれにしても、「この教材なら、この発問」などといった鉄板の常套句など存在しないと言えるでしょう。

また、振り返りを行うよう促す際なども同様です。

たとえば、「振り返りを書きましょう」であれば、子どもの多くは自分の視点に則って書きはじめるでしょう。授業を通じて印象に残ったことを書く子もいれば、クラスメイトの発言に寄り添うようなことを書く子もいるはずです。なかには、「自分はなにがわからなかったのか」について書く子もいるかもしれません。

それに対して、「クラスメイトと『助け合うこと』について、いまのあなたの考えを書きましょう」であれば、書かせたい内容を絞り込むことができます。いずれも、「この授業を通して、子どもたちにどのような力をつけたいのか」といった教師の意図次第です。

ただし、ここまで考え抜く準備を行うのは、日ごろの授業ではむずかしいでしょう。その意味で、研究授業ならではです。しかし、本当に大切にしなければならないのは、日ごろの授業である以上、研究授業を通じて気づいた成果や課題をもとにして、日ごろの授業改善につなげていくと考えるのが適切なのだろうと思います。

話は少し逸れますが、「先生は説明が長いよね」と言われたことがたびたびあったり、いつも授業時間がオーバーしてしまうといったことがあれば、自分が作成した細案縛りで（細案に書いていないことはしゃべらないと決めて）授業をしてみるという方法もあります。

きっといつもより、自分が説明する時間が短くなることを感じられると思います。教師として伝えたい内容がちゃんと子どもに伝わり、それでいて説明する時間が短くなれば、その分、子どもたちが考えたり活動したりする時間が増え、教師のほうも子どもの言葉を待てる余裕が生まれます。

そうできるだけでも、子どものためによかれと思ってしていたことが、かえって子どもの学習を邪魔していたことなどにも気づけたり、授業に対する手応えが変わったりします。なにより、子ども主体の授業になる確度が上がるでしょう。

## 4　成果や課題をリフレクションしつづける

自分の掲げた目的を遂行するためには、「自分はいま、なにができているのか」「逆に、できていないことはなにか」をしっかり把握しておくことが必要です。そのためのリフレクションであり、自分の授業の内容や方法をよりよくするための自己調整です。現行の学習指導要領が求める学習の自己調整と同じですね。

さて、ここでも重要なのが、実際に書き出してみることです。私の場合は、その日の授業がすべて終わった直後にリフレクションし、箇条書きでメモしています。

9月29日(木)

・授業をもっとよくしたいと思っているけれど、改善できていない。
・自分はなにをよくしたいか？　子どもがもっと活発に意見を出し合える状態にもっていきたい。
・前のクラスと比較しても、改善の余地が多分にある。やれていないことのほうが多い。
・強制力を働かせていないことも一つの要因かもしれない。
・自由にペア、グループをつくって活動させるだけでは成果が出にくいのか。以前のように、めあてを明確にしてグループ内で指導力を発揮できるような経験を多く積ませたほうがよいのかもしれない。
・いまのところはまず、パーフェクトガイドブックを継続して振り返らせよう。

自分のメモ書きを読み返してみると、前の勤務校でできていたことが、現任校では思うようにいっていないと感じている（子どもの成長の度合いに戸惑っている）ことがわかります…。

効果的なリフレクションの方法については、まだまだ勉強中の段階ですが、「目的」を遂行し「目標」を実現するために自分が行ったアクションを俯瞰的に自己評価し、自己調整し、次のアクションにつなげていくという試みは、まさに教師が行うべきPDCAそのものだと思います。

## 5 コンフォート・ゾーン（居心地のよいぬるま湯）から抜け出す

教師として自分が「変わりたいと思うこと」と「実際に変ろうとすること」には大きな隔たりが横たわります。その最たるものが、コンフォート・ゾーン（居心地のよいぬるま湯）です。

例を挙げます。

食事をする際、右利きの人が左手で箸を使うことはまずないでしょう。無理にそうしようとすれば、味噌汁の具をつかむのも難儀して、ストレスがたまる一方です。食事にかかわらず、ほぼどのような行動も、メインとする動きは利き手を使っていると思います。それに対して、たとえば野球の世界では、右利きなのだけれど、左打ちをする打者がいます。イチロー選手、松井秀喜選手、大谷翔平選手などが、その代表格です。

わざわざそうするのにはいくつかの理由があって、その一つに挙げられるのが筋力バランスだと言われています。「右投げの選手が左打ちに変えると、左右の筋肉をバランスよく使うようになるため」だそう。

では、右に挙げた偉大な選手たちは、なんの苦もなく右打ちから左打ちに転向できたのでしょうか。そんなはずはないでしょう。左打ちですばらしい結果を出すために、ストレスや不安感を払拭し、並々ならぬトレーニングを積んだはずです。こうした変化を遂げることを、本項では「コンフォート・ゾーンから抜け出す」と表現しています。

いったん慣れ親しんだ考え方や方法を変えるのは、だれにとっても困難を伴います。心身への負荷が大きければ、〝いまのままでも別に問題はないはずなのに、なぜ変わらなくちゃいけないんだ〟（ぬるま湯的思考）が頭をもたげてきます。しかし、自らの思いや意思によってこの状態から脱することではじめて、大きな変化を遂げることができるのです。

とはいえ、一夜にして変化することなど、だれにもできません。自分の力量以上の行動目標を立てれば、三日坊主で終わってしまうことでしょう。そのため、すぐにでもできそうな小さな変化を段階的に積み上げていくことが必要となります。そう考える私がまず行ったのは、研究協議会の場で自ら手を挙げ、疑問に思ったことを発言することでした。

　幼いころから「人前で自分の考えを発表する」ことを苦手としていた私にとっては、勇気を伴う行動です。なぜ、そこからはじめたのかと言えば、主体的に参加できる環境を自らつくれると考えたからです。「研究協議会では必ず手を挙げる」と決めて臨めば、公開授業を観る際の本気度も変わってきます（ただ漫然と観ているだけであれば、テレビ番組で話題のチコちゃんから、「ボーっと生きてんじゃねーよ！」と叱られそうです）。

　いまでも鮮明に覚えている研究協議会があります。それは、関西学院初等科の研究会です。〝今日は絶対に手を挙げて質問して帰ろう〟と決めていました。

　そのためには、自分はなにを質問したいのかを、公開授業のなかから見つけ出さなければなりません。〝このタイミングで行った活動にはどんな意味があるのだろう〟などと、気になることはすべてメモしていました。

　授業後はメモを読み返し、「これだけは絶対に聞きたい」と思うことを1つに絞ります。絞るポイントは、「自分が授業に取り入れる際に困りそうなこと」で、それを見つけることに全集中です。

　さて、研究協議会の時間がきます。コロナ禍の前で、参加者は500人をゆうに超えており、広い講堂が参加者でいっぱいに埋まっていました。超緊張です。それでも質疑応答に入った瞬間、真っ先に手を挙げました。質問内容は、「子どもと共につくるループリック評価について」でした。

それから何年も経ちましたが、いまでも脳裏に焼きついているくらいですから、相当のプレッシャーを感じながら質問をしたのだろうと思います。

では、なぜ人はそんなとき、大きなプレッシャーを感じるのでしょうか？　ただ自分の知りたいことを聞くだけのことなのに…。

（前述のように）私の場合「人前で自分の考えを発表するのが苦手」ということがありましたが、そうでない人だって右に挙げたような場で発言するのは緊張するはずです。その理由はなんでしょうか。

いろいろ挙がると思いますが、〝「そんなレベルが低いことをわざわざ聞くなよ」「そもそも見当外れだ」「だれの役にも立たない」などと思われたらどうしよう〟などと先読みしてしまう心情、すなわちコンフォート・ゾーンから抜け出す際のストレス（不安感や羞恥心）にほかならないと思います。

勤務校の校内研修であれば協議会後にこっそり質問することもできますが、外の研究会ではそうはいきません。勇気を振り絞るといっても、なかなかに困難です。そこで、たとえばですが、次のように考えてみるのはいかがでしょうか？

「周囲の目はたしかに怖い。プレッシャーだ。しかし、そのストレスに呑まれて、自分が成長できるチャンスを逃すのはもっと怖い」

だれしもネガティブな思いを払拭してポジティブな思いをもちたいと願うものですが、即時的に変換できるものではないと思います。そうであれば、**目先のネガティブよりも、先々のネガティブに対して危機感をもつという考え方でもよい**と思うのです。

現在は、すっかり慣れてしまって、どんな研究会でも真っ先に手を挙げ、自分の知りたいことを質問できるようになりました。

とはいえ、コンフォート・ゾーンそのものが消失したわけではありません。むしろ広っていきます。そしてそれは、よいことなのです。

そもそもコンフォート・ゾーンとは、居心地のよいぬるま湯です。つまり、新しい変化にチャレンジすることによって、これまで不安感やストレスばかり感じていたゾーンが、居心地のよい領域に変換されている。すなわち、プレッシャーでしかなかった研究協議会での挙手がたのしいものに変わったということなのです。

＊

なかには、「手を挙げるだけで本当に成長できるもの？」と疑わしく思う方もいるかもしれません。それに対して私はこう断言できます。「手を挙げて質問する」と決めて研究協議会に参加するだけで、その時間の価値が格段に上がります…と。

とくに若い先生方には、勇気をもって質問してほしいと思います。知るは一時の恥、知らぬは一生の恥の精神です。

**資料4　週全体、有業者**

（時間．分）

| | 日常生活に支障はない（6カ月未満継続を含む） | 日常生活に支障がある（6カ月以上継続） | 支障の有無差 |
|---|---|---|---|
| 1次活動 | 10.33 | 10.43 | 0.10 |
| 睡眠 | 7.39 | 7.43 | 0.04 |
| 身の回りの用事 | 1.22 | 1.26 | 0.04 |
| 食事 | 1.33 | 1.34 | 0.01 |
| 2次活動 | 8.25 | 7.31 | -0.54 |
| 仕事等 | 6.37 | 5.37 | -1.00 |
| 通勤・通学 | 0.44 | 0.36 | -0.08 |
| 仕事 | 5.44 | 4.55 | -0.49 |
| 学業 | 0.09 | 0.06 | -0.03 |
| 家事関連 | 1.49 | 1.54 | 0.05 |
| 家事 | 1.08 | 1.15 | 0.07 |
| 介護・看護 | 0.02 | 0.03 | 0.01 |
| 育児 | 0.16 | 0.11 | -0.05 |
| 買い物 | 0.23 | 0.25 | 0.02 |
| 3次活動 | 5.02 | 5.46 | 0.44 |
| 移動（通勤・通学を除く） | 0.22 | 0.23 | 0.01 |
| テレビ・ラジオ・新聞・雑誌 | 1.27 | 1.50 | 0.23 |
| 休養・くつろぎ | 1.49 | 1.58 | 0.09 |
| 学習・自己啓発・訓練（学業以外） | 0.07 | 0.09 | 0.02 |
| 趣味・娯楽 | 0.41 | 0.44 | 0.03 |
| スポーツ | 0.08 | 0.06 | -0.02 |
| ボランティア活動・社会参加活動 | 0.02 | 0.02 | 0.00 |
| 交際・付き合い | 0.10 | 0.08 | -0.02 |
| 受診・療養 | 0.04 | 0.11 | 0.07 |
| その他 | 0.12 | 0.14 | 0.02 |

## 成長を促す読書の仕方

ここまで自分を成長させる5つの「方法」を紹介してきましたが、最後にもう一つ、目的を遂行するための土台づくりについて述べたいと思います。

総務省統計局が公表した「令和3年社会生活基本調査によると、有業者（社会人）の「学習・自己啓発・訓練（学業以外）」に充てる時間は週当たりの10分未満だと言います（資料4）。それだけでも十分少ないわけですが、調査対象のうち0分の人が大半を占めます。

さらに、月間読書数となると、小学生が最も高く、高校生や社会人では月に1冊程度にとどまります。ということはつまり、自分自身の向学のために、1日に1時間ほど本を読むだけでも、読書をしない人と比べて大きな差が生じるということです。

私たち教師は、法的にも「絶えず研究と修養に努めなければならない」とされているし（教育公務員特例法第21条）、子どもたちに対しても、読書活動の充実をめざして指導する側です。それにしては、（周囲を見渡しても）日常的に本を読んでいる人はけっして多くはない印象です。

これが、非常にもったいないと私は思うのです。適切な本を選択できれば、読書ほど安価で効率的に自分自身の成長速度を上げてくれるからです。こうしたことを否定する人はいないと思いますし、教師であればなおのこと、その大切さを知っているはずです。

そうであるにもかかわらず、読書量が少ないのは、「読書をすることによって、自分は成長することができた」と思える成功体験が少ないからなのではないかと推測しています。

その理由には、「自分のほしい情報が書かれていなかった」「理屈ばかりで具体がイメージできなかった（逆に、理屈がわからなかった）」など、自分が期待することと本に書かれていることとのミスマッチが挙げられるでしょう。ですが、それだけでもないように思います。

読書によって効率的・効果的に自分の成長を促すためには、流儀があります。まずは目的をもつことです。この場合の目的とは、「自分が解決したいこと」です。言い換えれば、「なぜ、その本を読むのか」をはっきりさせておくということです。解決したいことが具体的であるほどに内容も頭に入りやすくなるし、読書スピードが上がるため、時間コストを軽減することができます。

たとえば、「子どもが授業で全然発表しない、あるいは発表する子どもが一部にとどまっているといった状況を打開したい」のであれば、「子どもが活発に話し合える手立てを見つける」ことが目的となるでしょう。

次は、自分の目的に合った本を探します。現在ではネット書店を利用することも多いと思いますが、できれば書店に足を運んで実際に本を手に取り、「はじめに（または序章）」「目次」「おわりに（あとがき）」の３箇所を読んで、自分が必要な本であるかを判断したうえで購入します（ネット書店で検索して、あらかじめリストアップしておくのもよいでしょう）。

いざ読書をスタートさせるといったときには、**「頭から終わりまで全部しっかり読まないといけない」といった思い込みを捨て去る**ことです。その読書目的は、自分の仕事の課題解決だからです。

そこでまず、目次のなかから解決策が書かれていそうなところに付箋を貼ったり、イヤードッグしたりしてチェックします。それだけでも自分が読むべき箇所を絞り込むことができます。あくまでも経験上ですが、200頁の本であれば、「自分が必要とする箇所はおよそ20頁程度あれば儲けもの」くらいに思っておくと気が楽になります。

いざ本文を読みはじめるときには、常に目的を意識し、課題解決につながりそうな箇所に傍線を引きながら読み進めていきます。精読する必要はありません。自分にとってあまり必要性を感じられない箇所は、どんどん読み飛ばしていきます。そんな読み方であれば、短時間で済むし、しんどくなりません。

一口に本と言っても本当にさまざまです。理論書もあれば実践書もあるし、単著もあれば共著もあります。ただ、私たち現場教師が必要とする本は、総じて実用書だということです。分野としては専門書ですが、専門的知識の習得をめざすわけではありません。実務に直接「使えること」が第一優先である以上、こんな読み方で十分だということです。

このような考え方をするようになったのには、1冊の本との出合いがあります。それは、『あなたもいままでの10倍速く本が読める』（ポール・R・シーリィ著、フォレスト出版、2009年）です。およそ、こんなことが書かれていました。

「1冊の本のなかであなたにとって価値のある内容は、わずか4〜11%程度にすぎない。

したがって、本を読むということは、必要な部分を見つけて自分の知識とすることである」

これまで述べてきたことは、まさにこの本の受け売りだったわけです。

わざわざ時間を使って本を読むのは、自分の抱える課題を解決することが目的。だったら必要な箇所を必要なだけつまみ食いすればいいのです。そのような意味では、辞書を引くような読み方で十分です。

その後、その本に書かれていたことが自分の仕事に役立ったという成功経験を得られたならば、〝ほかにもなにかいいことが書いてあるんじゃないかな〟などと思いはじめて、自分の読んでいない箇所も読みたくなるものです。あるいは、自分が線を引いた箇所のみを読み返すといった方法もあるでしょう。

また、1度読んだだけでは理解できなかったことも、自分の実践を伴うことで理解が深まることもあります。ここまでくると、著者と対話しているかのような気持ちにもなるのだからおもしろいものです。

私はこの読書法を取り入れるようになってからというもの、年間150冊ほど読めるようになりました。しかも、苦行ではなく、たのしみとしてです。しかも、確実に自分の成長を実感しています。

# 同僚教師との学び合い

ここまで教師としての自分をどうやって成長させるかに着目してきましたが、ここからは同僚の先生方との学び合いによってお互いの力量を高める考え方や方法を紹介したいと思います。

私は初任校勤務時代から、日常的に教育書を読み漁り、自分の授業をリフレクションし、校内の研究授業や区や全国大会の発表にもチャレンジしていました。その後、足立区立千寿常東小学校に異動してからも、学ぶスタンスを変えずに指導力向上に取り組み、区の学力調査でもそれなりの結果が出ていたものだから、（自分で言うのもなんなのですが）〝年を追うごとにちゃんと成長しているな〟などと一人で勝手に盛り上がっていました。

そんなある日、「相馬さん、ちょっといい？」と山田誠校長に呼ばれ、校長室で仕事にまつわるちょっとした話をしていました。そんな雑談ついでを装って「校内でお力のある先生はどなたですか」と聞いてみました。

「そりゃあ、松村さんだよ」と即答です。私は内心〝やっぱりな〟と思っていました。

実は、しばらく前から松村先生のことがずっと気になっていて、体《てい》のいい口実を探していたのです。

足立区で行っている学習定着度調査では、内々に学級ごとの到達率結果が公表されるのですが、どんなにすばらしい学級でも、90％以上になることはまずありません。にもかかわらず、到達率１００％の学級を見つけて、私は自分の目を疑いました。〝そんなことがあり得るのか〟と。にわかには信じがたい結果だからです。しかも、その学級を担任していたのが、勤務校で教職2年目の若手中の若手。それが松村先生だったわけです。

いったいどんな学級づくりをしているのか、授業をしているのかと気になって仕方がなかった私は、試しに「松村先生の授業を観てみたいですね」と言ってみたところ、「観に行くといいよ」との返事をもらうことができました。

そこで校長室を後にすると、私は早速松村さんを呼び止めて、率直にお願いしたところ快諾を得ることができました。これが、教師としての私の（第二次性徴期ならぬ）第二次成長期ともなりました。

＊

自分自身の努力によって成長できるのはたのしい。それ以上に、同僚と学び合えれば、自分の成長をより実感できるし、仕事がもっとたのしくなります。しかも、成長するスピードも格段に増します。そう実感できるきっかけをつくってくれたのが、松村英治先生だったのです（松村先生は『「学びに向かう力」を鍛える学級経営』〈東洋館出版社、2017年〉の共著者で、現在は台東区教育委員会で指導主事を務めています）。

## ふだんの授業を観合う

私はできるだけ同じ学校の先生方の授業を観に行きたいし、自分の授業も観てもらって、お互いに気づいたことを共有したいと考えています。それに勝る授業改善はないと思うからです。

確かに、ハードルが高い取組だとは思います。自分の授業や子どもたちの様子を見せるのは抵抗があるからです。そのため、最初のうちは私も「〇時間目の先生の授業を観に行ってもいいですか？」と事前に許可を得たうえでうかがっていました。しかし、学校としての取組として定着してくれれば、事前の許諾なしでもふらっと教室に入っていける雰囲気が醸成されます。

こうした授業を観合う取組を行うきっかけをくれたのが、松村先生でした。当時の私の研究教科は国語、松村先生の研究教科は生活科であったことから、お互いが得意としている教科を中心に授業を観合っていました。授業を参観したあとは、A4用紙いっぱいに感想をまとめて手渡し、放課後になるとお互いの授業について語り合うのが日課でした。ほかにも、校内で自主勉強会を開いたり、都内の開かれる研究会や大阪、福岡など県外の研究会に一緒に参加したりして勉強していました。

あぁ、これがもう、たのしくて、たのしくて。

授業について、指導法について、子どもたちの様子について、同僚教師と日常的に忌憚のない意見を交わすことなどはじめてのことだったので、新鮮だったのはもちろんですが、なにより子どもの学びについて同僚の先生と語り合えることがこんなにもたのしいものなのかと驚いたくらいです。

松村先生との学び合いをはじめてからというもの、授業に対する手応えを、「自分が○○という指導をしたから」ではなく、「子どもの発言や活動の様子から」感じ取れるようになった気がします。それにつれて、ノートに振り返りを書かせると、「今日の授業はいつもよりたのしかった!」「○○ができるようになって自分が成長してる気がする」といった言葉が綴られるようになり、テストの結果も大きく伸びたのです。

さて、最初は2人での取組だったのですが、だんだんと広がっていきました。松村先生が異動されてからも、ある年では、社会科で研究員をされていた石黒先生、特別活動を中心軸に据えてがんばっていた佐藤先生とよくお互いの授業を観合っては、アドバイスし合っていました。

その後、研究推進委員長を担うようになってからは、キャッチコピーに「研究の日常化」を掲げ、すべての先生方に対して「どの教科等の授業、だれの授業でもどんどん観に行きましょう」と声をかけていました。

さて、だれかの授業を観たあとはそれっきりにせず、自分が感じたことを「授業リポート（A4・1枚）」にざっとまとめて手渡していました。また、授業を観ていない先生にも、「どなたでも気軽に観に来てください」というメッセージを兼ねて配っていました。

■**授業レポート　参観・報告者：相馬**

［授業者］A先生
［教科］社会
［単元名］これからの食糧生産とわたしたち
［めあて］日本の食料生産の課題を考え、解決策を考えよう。
［A先生の授業後の感想］
時間内にまとめまでいきたい。導入、授業の進め方（時間的管理の問題）が課題。
行き詰まっているところはペア学習で解決できたと思う。また、「5つのアクションについてはメモしておいて」と伝えていたことでよくメモできていた。

【パワポでの資料の提示】

T「これなんの葉っぱ？」「大豆って食料自給率どのくらい？」などを問う。

子どもたちはテキパキ答えていました。体育後でしたが、素早く授業の準備も整えていて、日ごろからご指導されている結果の表れだと思いました。

【学習計画の確認】

主体的な学びのなかに、「見通しをもって」という記述があります。これからは、学習計画を教師がもっているものではなく、共有、もしくは一緒につくり上げることが大事。すでに取り組まれているのでとてもいいですよね。「先生、今日はなにをするの？」から「今日はこれをやるんだよね！」「早くやりたい！」へと子どもの言葉が変わってくると思います。

【活動の余白】

子どもがめあてを書いているときに、「書き終わったら、この表を見ておいて」とグラフを提示していましたね。早く書き終えた子が、グラフをジッと見ていました。

時差が生まれる活動のときほど、余白の時間になにをするかを指示しておくことはとても大切。何気ないことですが、暇な時間をつくらないという細かな配慮を感じました。

[手が挙がらないときに教師が考えること]

T「なぜ、食料自給率が低くなっているんだろう」
C「外国産～」
T「いいね、あとは？　それだけ？」
　ここで、いったん流れが止まりました。
　意見が出なかった理由がどこにあるか？　本時の場合は、単純に流れが早すぎたからではないでしょうか。
　先生が感想に言われたように、5つのアクションについて尋ねたときは、かなり多くの子が挙手していました。それは、きちんと視点をもって動画を観て、ノートに意見が書いてあった（自信もある）&授業のペースが落ち着いていて、発言できる環境が整っていたからだと思います。手が挙がらないとき、心のなかでなにが原因かを考えて修正してみるといいかもしれません。

[視点を与えること]

T「5つのアクションが出てきます。5つ言えるように！」
　Mくん、Oさんは、1、2、3、4、5と連番を振りながらノートに書いていました。指示が具体的なので、しっかり動画を観るようになりますよね。その後の発言の多さに

もつながっていてよかったと思います

［解決策を考える活動（ＨＵくん、ＨＡくんを追いました）］

ノートにそれぞれが意見を書きはじめる。相談はなし。６分たったところで、Ｂ先生がいらして「２人で共有してごらん」と声をかけています。ＨＡくんは「この人、見せてくれないし」とつぶやいていて、その後も個人で取り組んでいます。

ＨＵくんのノートに書いた課題　①国産を食べない　②輸入　③働く人

ＨＡくんのノートに書いた課題　①食品ロス　②働く人

結局、最後までお互いに相談して取り組むことはありませんでした。

ペアで取り組むのはなんのため？　そうする必要性はある？　といったことについて、考えられるようにできるといいですね。

ただ、２人とも自分の意見を一生懸命ノートに書いていたし、自分が考えたいことがあったから今回は相談しなかったんですよね。２人で一緒にやる必要性が感じられなかったから、それぞれ取り組んでいたんだと思います。絶対にペアでやらなきゃいけないという理由がない場合は、次のように子どもに聞いてみたらどうでしょうか？

「一人で考えられそうな人？（確認）、ちょっと自信ないからペアでやりたい人？（確認）」

子どもが課題を解決するにあたって、どのような方法で行うかを自分で選ぶことも主体的な姿につながっていく気がします（一人で考えて、煮詰まったらペアになってもよしくらいのスタンスで）。

［時間管理］

ちょうど10時に、先生が腕時計を見られました。あのとき、頭に描いた授業の終わりはどうでしたか？「時間足りない…」という思いがあったのではないかと感じました。

［導入の時間を短縮］

せっかく学習計画を立てているので、導入は課題の確認程度でもよいのではないでしょうか？

たとえば、「これまでに学んできて、食糧生産についての課題はなにがあったかな？ノートに書き出してごらん」などと促せば、課題がバーっと出てくると思います。

また、「これらの課題って、だれの課題なのかな？」などと立場を確認しました。

このように課題と立場を確認できたら、たとえばですが、表に整理したり、Yチャートを取り入れたりして、全体で意見を整理できるようにするといったことなども考えられそうです。

学習計画を立てているからこそ、導入は短く、活動を熱く、じっくり！でもいいと思います。今日はありがとうございました。

さすがにすべての先生の協力を仰ぐことができたわけではありませんが、頻繁に授業を観たり、観てもらったりする先生が全体の2割強に達するくらいまでには広がっていきました。

お互いに「ふだんの授業を観合う」目的そのものは、授業改善にありますが、それは結果的にそうなるだろうという話で、最初のうちは「自分の弱さを知ってもらう」くらいの感じでよいのだと思います。

逆に、「そのほうがむずかしい」といった声が上がるかもしれませんが、自分の弱さを知ってもらえれば、いろいろなアドバイスをもらえるようになるし、なにかうまくいかないことがあったとしても助けてもらいやすくなります。デメリットよりもメリットのほうが大きいはずです。

この点が研究授業とは異なる点です。だれかに観せるために準備した授業ではないからです。「ふだんの授業」では、担任の先生が日常的に子どもとどう接しているかが見えやすくなるので、子どもへの声かけや教室掲示など、ちょっとしたことを参考にしやすいという利点もあります。

もちろん、研究授業には授業者の教材研究から学べることが多いので、どちらがよいという話ではなく、取組としては両方あったほうがよいということです。

担任が違えば教室が変わる、子どもたちが違えばやはり教室が変わる。日々、同じように教育活動を行っている場が教室ですが、担任の先生と子どもたちが織り成す空気というものは本当にそれぞれで、そうした目には見えないなにかが学級をつくっていきます。

言葉ではなかなか言い表しにくい、その場にいることが日常であるほどに気づきにくい、いわば教室の香りみたいなものがあるのだろうと思います。しかし、人の嗅覚は環境に慣れてしまうので、自分の教室がどんな香りなのかはわかりません。だからこそ、ほかの教室に出向いてみることです。自分の教室とは違う香りに気づくことで、ハッとさせられるような瞬間に出合えるからです。

## 同僚教師のよさを引き出す対話

同僚の先生方と学び合いはじめてから、教師としての自分の成長を実感できるようになった私ですが、そのような実感がなにによってもたらされたのかを、改めて考えてみました。するとその答えは、とてもシンプルで、「同僚との語り合いで得たヒント、課題、可能性は、自分の授業においてとりあえず実践してみる」ということでした。

なかには、うまくいかないこともあるわけですが、それ自体は問題ではありません。うまくいかないこともまた学びであり、教師として成長するためのトライアル&エラーです。しかも、同僚とのフラットな関係性のなかで自ら見いだせるヒントや可能性なので、やらされ感がありません。

そんなふうにしているうちに、自分のなかに新たな課題意識が芽生えました。それは「もっと子どもたち自身の選択・判断によって授業をつくれないものか」というものでした。そこで目をつけたのがコーチングです。

『この1冊ですべてわかる 新版 コーチングの基本』（コーチ・エイ著、日本実業出版社、2019年）によると、コーチングを次のように定義しています。

> 対話を重ねることを通して、クライアントが目標達成に必要なスキルや知識、考え方を備え、行動することを支援するプロセスである。

この1文に着目したのは「目標を設定したり、方法を選択したりするのは相手自身だ」ということです。これは、同僚教師への自分のかかわりを見直す契機となりました。

自分なりによい授業のイメージはある。けれど、それはあくまで「私の考える授業」だ。授業を観させてくれる同僚がどんな授業イメージを大事にしているかについて、きちんと聞いてみたことはない。それを理解せずに助言しても的外れであることも多いのではないか…と。

たとえ著名な方の講演であっても、〝自分が聞きたいのは、そういう話ではないんだよな〟などと思ったことを思い出しました。

このとき、「もっと相手の話を聞くことに専念しよう」「相手が大事にしてることを知ろう」「同僚の先生方を支援したいと思うのであれば、そうしたうえでの話だ」と決めました。

関連する書籍を読み込むだけでは心もとなかったので、オンライン講座を受講し、コーチング・セッションを体験してみました。これがとてもよい経験になりました。実際に60分間に及ぶコーチングを受けてみて、とても気持ちがよかったからです。

**自分が認識していなかった自分の考えに気づける気持ちよさが、コーチングにはある**ことを、私は体感的に学ぶことができました。まるで頭のなかに立ちこめる霧がフワーっと晴れていくような感覚です。その後も、自分の行動や考えを振り返りたいと思うときには、コーチングを受けています。

それはさておき、私がコーチングについて学んだのは、自分の悩みを解決するためではありません。同僚の先生方との学び合いをより充実するためです。結論から言うと、授業観察後の先生方へのアプローチの仕方が、以前とは明らかに違うものとなりました。

以前は、授業を観て自分が気づいたことや改善点を文書にまとめて一方的に伝えていました。それに対して現在は、改善点を文書にまとめることはやめ、気づいたことだけをメモしておいて授業者とのディスカッションに注力するようにしています。

以下は、新任の先生の道徳の授業を参観した後のディスカッションの様子をまとめたものです。

〈1年目A先生　道徳〉

私「今日の授業をやってみて、自分がよかったなと思ったところはありましたか」

A先生「子どもたちが全員手を挙げられたところです」

私「ほかにはありますか？」

A先生「気づかせたいところを強調して音読したので、大事なところに気づきやすかったのではないかと思います。ほかには、ワークシートにたくさん自分の意見を書いてくれたことと、まとめまで自分たちで考えてくれたことです」

ここまでA先生が言ってくれたことをキーワード形式で付箋に書いて並べておきます。

私「1枚めの付箋についてなんですが、どのような理由で全員が手を挙げてくれたのでしょうか。日ごろからそうなんですか？」

A先生「そんなことはありません。普段は手を挙げない子のほうが多いんです。どうして手を挙げたかというと…」

ここでA先生がちょっと考え込みます。

A先生「おそらくなんですけど、最初の問いかけ方がよかったのかもしれません」

私「どのようなところがよいと思ったのですか？」

A先生「意見が言いやすい質問というか、幅広い、思ったこととか、経験したことを言える質問だったような気がします」

私「自分が以前に思ったこととか、経験したことだったら、たしかに発言しやすいのかもしれませんね」

Ａ先生「教師から『答え』を求められる質問ではなかったから、自信をもって言えたのだろうと思います。授業のはじまりだったからかもしれません。どの子も発言できるのは大事かなと」

ここでＡ先生は「そう考えると手が挙がらないときは、こっちが質問の中身を変えたらいいのか」と小声でつぶやきました。ディスカッションの相手は私なのですが、日ごろの授業と今日の授業の双方を思い浮かべながら話をしているのが見て取れます。

私「先生の授業では、導入のところでまず、子どもたちみんなが参加できるような問いかけを意識するのがよさそうな感じがしますね」

Ａ先生「そうかもしれません。もちろん、手を挙げられればよいというわけではないのでしょうけど、ふだん手を挙げない子も授業の最初にそうできたら、そのあともがんばってくれるような気がします」

私「それと、『気づかせたいところを強調して音読した』と言われていましたけど、もうちょっと具体的に教えてもらっていいですか？」

Ａ先生「教材の内容を理解するうえで、ポイントがわかったほうが子どもの手助けになると思って。それがわかれば自分ごととして考えやすいはずです」
私「それはどんなポイントですか？」
Ａ先生「今日の授業で一番考えさせたいことですね」
私「内容項目のことですか？」
Ａ先生「はい、『節度・節制』って子どもたちにはわかりづらい部分があるのかなと思ったので、私が範読しているときに考えるところを絞れるようにしたらいいかなと」
私「そういう意図をもって取り組むのは大事ですよね」
Ａ先生「私もそう思ったのですが、私が特定の箇所を強調して読んだことで、もしかしたら別の大事な視点を見落としてしまうかもしれません。普通に読んだほうがよかったのかな、どっちがいいんだろう」

ここでも自分の指導について再考しはじめます。

私「別の大事な視点を見落としているような様子が、子どもから見て取れましたか？」
Ａ先生「すみません。そこはちょっとわかりません」
私「だったら、次の授業で子どもの発言やワークシートに書いたことを意識してみたらどうでしょう」

Ａ先生「そうしてみます」

私「今日の授業をもう一度振り返ってみて、どんなことを学ぶことができたと思いますか？」

Ａ先生「導入では多くの子どもが発言できるような問い方をすることです。どんな言葉にするかとか、どれくらいの間をとるかとか。まずは教材の内容を全員が理解できることが大事だと改めて思いました」

私「ほかにもなにかありますか？」

Ａ先生「内容項目については、自分でも簡単なことばで説明できるくらいになっておいたほうがいいと思いました」

私「私になにかお手伝いできそうなことはありますか？」

Ａ先生「それでいうと、相馬先生は振り返りを書かせるときになにか意識していることはありますか？　あったら教えてほしいです」

私「振り返るための視点は、年度当初に明示しています。それを土台にして、自由に選ばせるときもあれば、今日はこの視点で書いてみようと指示を出すこともあります。それを繰り返していく感じです」

A先生「お時間があるときでよいので、その視点についてもう少し教えてもらっていいですか」

私「もちろん、いいですよ」〈了〉

このディスカッションを通じて私が意識していたことは、A先生自身が解決したいと考えている課題です。そこで私は質問を通して、「A先生自身がどうすればいいか（どうしたいと思うか）」を言語化できるように促しています。

この点が、授業を観て自分が気づいたことを一方的に伝えていた（課題解決のための方策を授けていた）ころとは決定的に異なる点です。やりとりの最後に自分の考え（この場合は振り返りの方法）を伝えていますが、A先生からの質問に応じた対応です。もし質問がなかったら、私のほうから改善点を指摘しなかったかもしれません。

コーチングにおいて重視すべきことをまとめると、次の4点です。

●自分自身は聞き手に徹する。
↓聞かれてもいないのに自分の考えを口にしない。
●話し手が課題だと思っていることを聞き出す。

↓課題を意識化できていない場合には、質問を工夫して引き出す（顕在化させる）。

●課題の改善策については、話し手が自分で考えられるように促す。

↓話し手が必要とする最善策は、話し手自身の心のうちにある。

●話し手から意見を求められたら、そのときはじめて答える。

↓自分の意見を伝える際、「べき論」で答えることは厳に慎む（「べき論」にしてしまうと、ディスカッションで語り合ったことが、なかったことになってしまう）。

**自分が解決したいと心から思える課題を自覚できたとき、自分を成長させられるスタートラインに立てるのだと思います。**変えたいと思ったときが変えどきです。

聞き手としては、〝こうしたらすぐに解決するんだけどな〟とか、〝視野を広げることが第一だよな〟などとつい思ってしまいがちですが、そこは我慢です。慣れてくれば、無理に我慢しようと考えることはなくなります。自分の考えは棚に置いて、相手の話を聞く（〝へぇ、この先生はそんな考え方をもっているのか〟など、なにをどう考えているのかを知る）こと自体に、おもしろさを見いだせるようになるはずです（私はまだ、そこまでの境地には立ててはいませんが…）。

A先生とはその後も子ども同士のトラブルや保護者対応など、なにか困ったことがあったときには相談に来てくれていました。そのたびに、ディスカッションです。どうやら私とのやりとりが、A先生にとってたのしみにもなっていたようです。

## 学級経営にも生かせるコーチング

さて、このような所作、なにかに似ているとは思いませんか？　そう子どもたちへの個別対応です。

教師としての自分の考えを無理強いさせても、子どもは自らを成長させることはできません。のみならず、ときとして子どもたちの主体性を奪ってしまうことすらあります。

その子にはその子固有のよさと可能性があり、それらを開花させられるのは、その子以外にありません。教師としてできることは、その可能性を広げられるように、子どもたちのなかにあるものを引き出すことです。

このように考えるだけでも、コーチングはけっして特殊なことではないことを、ご理解いただけるのではないでしょうか。実際に私自身、子どもとの関係づくり、学級づくりにおいて何度も助けてくれた手法です。

たとえば、教室では毎日のようにいろいろなことが起きます。こんな具合です。

休み時間、校庭でドッジボールを楽しんでいたはずの男の子同士がケンカになりました。AくんがBくんのお腹を蹴ってしまったためにBくんが泣いています。周りにいた子どもたちが慌てて私を呼びにきます。私はいきさつを知らないので、まずはきちんと話を聞くことにします。

ここでもコーチングです。教師である私が話を聞いて「どっちがよくて、どっちが悪いか」をジャッジしないということです。

ポイントは、目的を確認し、そのために自分はなにをすべきかを判断することです。また、右のケースでは、男子同士の揉めごとなので、再び手が出てしまう怖れを考慮し、一定の距離をとらせてからディスカッションのスタートです。

私「いまから一人ずつ話を聞くからね。もし相手の言っていることが違っていると思っても、すぐに言い返すのではなく、まずは最後まで相手の話を聞こう。ではまずAくんから話をしてください」

途中で口を挟まずに相手の話を聞く約束を、事前に交わしておきます。

Ａ「Ｂくんがぼくばっかりをねらうから、『やめて』って何度も言ったのに、それでもしつこくねらってきて、すごいムカついて…」
Ｂ「だって、Ｃさんが…」
私「ごめん、まずはＡくんの話を最後まで聞こう」

感情が高ぶっていると、つい相手の話を遮って割り込んでしまうことがあります。そこで、交わした約束を思い出させます。

Ａ「ぼくよりも近くにいる子をねらわないで、離れたぼくばかりねらうっておかしい」
私「なるほど、離れたＡくんばかりねらうのはおかしいと思ったんだね」

ここではいったん、Ａくんが言った言葉をオウム返しします。その子が言った言葉ですから、私が口を挟んでも否定されたとは思われません。むしろ〝先生はぼくの話に共感してくれた〟と感じます。

Ａ「そう。だから、ムカついちゃって蹴っちゃいました」

私「ムカついたから蹴ってしまったんだね。理由はわかりました。では、蹴ってしまったことについてはどう思う？」

ここで理由と行動を分けて考えられるようにします。

A「…蹴ったのはよくないと思う。でも、最初にひどいことをしたのはBくん」

行動面にのみ焦点を当てれば、子どもでもその是非を判断することができます。逆に、理由と行動を切り離せないと、自分の行動に対する正当性に固執してしまい、解決への道が遠のきます。ただし、この時点ではAくんはまだ納得がいかず、反省するにはいたっていない様子が見て取れます。

私「Bくん、話を聞いてくれてありがとう。次はBくんの話を聞かせてもらえる？」

B「Cさんが、『Aくんをねらってよ』って言ったから、そうしたんです。そうしたら、Aくんが怒りはじめていきなり蹴ってきました」

私「Cさんが言ったから、Aくんをねらったんだね」

まずはオウム返しです。ここでも、教師が聞き手に徹するわけですが、悠長にはしていられません。次の授業の時間が迫っていたり、ほかにやらなければならないこともあったりするからです。

そこで、「このディスカッションは10分以内に終わらせる」といった見通しをもって、可能な限り手短に子どもたちへの聞き取りを済ませるように心がけます。そのうえで次に行うべきことは、「自分はこれからどうありたいか」について考えさせます。

その際、すでに事が起きてしまった「過去」と、ディスカッションしている「現在」を行き来させても解決には向かいません。「未来」に向けた思考にシフトさせる必要があります。

私「1つ、先生に教えてほしいのだけど、2人はこれからどうしたいと思っているのかな？　いまのままでいいと思う？」

A「……」

B「いまのままではいやです」

私「Aくんはどう？」

A「ぼくもいやです」

私「では、どうなったらいいと思う？」

A「たのしく一緒に遊びたいです」

B「ぼくも同じです」

「自分たちはどうありたいか」（未来の姿）がはっきりしたことを見取って、次は課題の解決を子ども自身が考えられるようにします。

私「Aくんは自分がなにができていたら、Bくんたちとたのしく一緒に遊べたと思う？

Bくんも同じように考えてみて」

「自分がどうすればよかったか」について考えられるように促します。けっして「Bくんが自分ばかりねらわなければよかった」とか、「Aくんが蹴られなければよかった」などと、相手の行動を改めさせる方向にもっていかないようにするのが肝です。

A「ぼくだったら、『自分ばかりねらわないでほしい』と言えばよかったと思います」

私「Bくんはどう？」

Ｂ「１人の人ばかりねらわなければよかったと思います」

私「次からは、そうしてみたら、今日みたいなことにはならずに、たのしく一緒に遊べそうだね。自分たちで解決策を考えてくれてありがとう」

当事者である子どもたちが、気持ち的には高ぶっている状況のなかでも一緒に考えてくれたことに対して感謝の気持ちを伝えます。

この時点では、両者から謝罪の言葉はありませんが、お互いに自分の非を認め、「これからどうすればよいか」を納得ずくで共有できているので、ここでディスカッションを終わらせてしまってかまいません。もし、謝罪の言葉が必要だと感じるシチュエーションであれば、次のように質問します。

私「これからもっと仲よくできるようになるために、いましておいたほうがよいと思うことはあるかな？」

Ａ「謝ったほうがいいと思う」

私「どうしてかな？」

Ａ「自分にも悪いところがあったから。謝ったほうがもっと仲よくできるようになると思う」

私「そっか。Ｂくんはどう？」

Ｂ「ぼくもＡくんに悪いことしちゃったから謝ります」

私「うん、わかった」

このときは、こんな調子でうまくいきました。次の休み時間には、肩を組んで笑顔で話している姿を確認できたので、私としても一安心です。

ただし、どのような場合であっても定型どおりにうまくいくわけではありません。右のやりとりに倣えば、「２人はこれからどうしたいと思っているのかな？　いまのままでいいと思う？」と促しても、「別に、いい」とお互いに意地を張ってそっぽを向いてしまったり、言葉が出てこなくて沈黙してしまったりする場合です。

実際に、私の経験上もそうなったことがあります。では、そのようなとき、どう考えればよいのでしょうか。結論から言うと、私は原則として〝いまはまだ、それもよし〟としています。

丁寧にやりとりしていても、当事者の子どものなかで腑に落ちない、納得できないことはあります。そんなときに、なんらかの言動を無理強いさせてしまえば、すべてはご破算です。子どもにだって、大人と同じように、時間が必要なときだってあるのです。

とはいっても、時間がきっと解決してくれるだろうなどと放置するわけではありません。クラスメイトとギスギスしたままでは、当事者同士つらいだけでなく、周囲の子どもたちにとってもそうです。だから、「この学級ではどんな目標を立てているか、もう一回思い出してみよう」と促したうえで、時間をかけて（ときには数日にわたって）考えさせます。

第1章でも紹介したように、私の学級では、子どもたちがどのような目標を立てたとしても、次の3つが常に根底にあります。

- なにごとも全力で取り組む。
- 自分と友達の双方を大切にする。
- 感謝の気持ちをもつ。

つまり、前述のように促せば、「なにがなんでも自分の意地を張り通すのか、それともクラスメイトと一緒につくった学級目標の実現のために自分自身の言動を顧みるのか」と葛藤をもたらすのです。日本の学校教育は全人教育ですから、これもまたその子にとっての貴重な学びとなります。

教師である私としては、けっして軸をブレさせず、粘り強くコーチングしつづけることに尽きます。そうしていれば、（たとえ時間はかかったとしても）その子にとってはもちろん、学級全体にとっても、よりよい関係性をもたらしてくれるのだと私は思います。

## 専門性を高め合う教材研究分担制

ある年、私が６年生と担任をしたときの学年は３学級でした。どの学年であってもそれぞれに忙しいわけですが、学習内容、子どもとの関係性、行事の多さなどを考えると、高学年はとりわけ忙しいですよね。

そんな忙しい日々の学校生活において一番大事にすべきは授業です。それなのに、一番おろそかにしてしまいがちなのも授業です。そんな状況を少しでも打開したいと考えてはじめてみたのが、教材研究分担制です。学年の（私を含む）３人の先生方で担当する教科を決め、それぞれに教材研究を行って研究内容をもちより、自分の授業に取り入れるという方法です。

「新しい物事について学ぶ」というとき、人は自分のレベルに合わせた適切な難易度で、継続的に行うことが必要です。

スポーツになぞらえれば、バスケではたくさんシュートを決めたい、サッカーでは鉄壁のサイドバックになりたい、ソフトボールではだれよりもたくさんホームランを打ちたいなど、望みは尽きないわけですが、どれもこれも一流にはなれません。そこで、いろいろなスポーツをやってみたうえで、専門的に行う球技を絞りますよね。教科担任制はその最たるものですが、教材研究分担制はその折衷案ともいえる方法です。

小学校教育は、専科を除けば基本的に全教科担任なので、どの教科もおしなべて専門性を高められればよいのでしょうけど、日々の忙しさも手伝って実行性はあまり高くないように思います。

幸いにして、学年の先生方とも日常的にお互いの授業を観合えるようになっていたこともあって、試しに提案してみると、「おもしろそうだからやってみよう」と賛同を得ることができました。

この方法のメリットはいくつも挙げられますが、あえて言うならば次の2つです。

●通年で教材研究ができるため、教材理解を深めやすく、自分の授業に自信をもてるようになる。

●試行的に6年生で行ったが、どの学年でも取り入れることができる。

はじめて教材研究分担制に臨んだ年度は、国語、総合、道徳を担当させてもらいました。担当になったからには、自分にとってはもちろん、学年の先生にとっても役立つ授業構成を考えなければなりません。そのためには、「いま」の自分の知識をアップデートする必要があります。その手段として私が選んだのは読書です。

道徳に関しては、以下に挙げる本を読みました。読んだといっても精読ではありません。本章の中盤で紹介した（着眼点を絞って自分の必要な箇所を拾い読みする）速読法を用いた読書です。

・森岡健太著『おもしろすぎて授業したくなる道徳図解』明治図書出版、2021年
・『道徳教育』編集部著『考え、議論する道徳をつくる新発問パターン大全集』明治図書出版、2019年
・『道徳教育』編集部著『道徳授業の板書づくり&板書モデル大全』明治図書出版、2022年
・島恒生著『小学校 中学校 納得と発見のある道徳科』日本文教出版、2020年

・長谷川真里著『子どもは善悪をどのように理解するのか？』ちとせプレス、２０１８年
・加藤宣行著『加藤宣行の道徳授業　考え、議論する道徳に変える発問＆板書の鉄則45』明治図書出版、２０１８年
・有松浩司著『道徳板書スタンダード＆アドバンス』明治図書出版、２０２０年
・苫野一徳著『ほんとうの道徳』トランスビュー、２０１９年
・坂本哲彦著『「分けて比べる」道徳科授業』東洋館出版社、２０１８年
・田沼茂紀編著『問いで紡ぐ小学校道徳科授業づくり』東洋館出版社、２０２０年
・田沼茂紀著『道徳科授業のつくり方』東洋館出版社、２０１７年

右に挙げた書籍を読む「目的」については次のように設定しました。

●子どもにどんな力を身につけさせたいかを明らかにする。
●授業をどう進めるかの手続きを理解できるようにする。
●学年で型をつくるとしたら、どのような型を提案するのが現実的かを考える。
●ワークシートを使うとしたらどのような形式が望ましいかを構想する。

**資料5　こうすると変わるかも？道徳授業の進め方案**

| 流れ | ポイントや具体的な発問など |
|---|---|
| 導入 | ○　導入では、教材の主題を伝え、○○について考える思考の枠組みを作ります。<br>T「本日の視点は『約束と責任について考える』です。」<br>○　本日の視点に添った経験を想起させて、自分事になるように意識づけします。<br>○　主題に関する今の考えをサクッと発表させ板書するのもありです。 |
| 展開 | ○　教材を読む前に、登場人物やあらすじ、読み終えたあとに問うことを事前に伝えておきます。<br>いきなり問われて答えられる子は一部なので、どの子にも優しく、どの子も答えやすくなるようにするためです。<br>ワークシートによっては、メモさせることもOKとするとより発言しやすい環境ができるかなと。<br>T「先生が読み終えた『○○って聞きますね。だから、○○についてどうなんだろうと考えながら聞きましょうね』」<br>○　読み終えたあと、「○○」について発表させます。<br>場合によっては、一旦時間をとって○○についての自分なりの考えをメモさせる。<br>ペアで少し話し合わせるなどする。<br>その間の机間巡視し、発表という流れも有効です。<br>○　主発問について、自分の考えを書かせます。<br>T「○○についてどう思いますか。それはどうしてですか。具体的な経験はあるかな」<br>○　自分の考えをペアやグループ、全体で話し合わせ多面的・多角的に主題に迫ります。<br>T「主人公の○○についてどう考えましたか」「Aさんの意見についてどう思いましたか」「AさんとBくんの意見の同じ（違う）ところって何だろう」「みんなの意見から大切にしたいことって何」 |
| 終末 | ○　今日の主題について改めて振り返ります。<br>道徳ファイルの左側に記入するようにします。<br>○　振り返りを発表させる場合は、何のためにみんながその子の振り返りを聞くのか目的を教師がもつこと。振り返りを共有する必要がない場合は、発表させる必要はありません。とりあえず振り返りを発表させる！　と言うのは、やめましょう。 |

目的を明確にしたうえで、およそ1週間程度で速読です。その後、「こうすると変わるかも？道徳授業の進め方案」（資料5）と「教材研究の視点」（資料6）を作成します（このうち、「教材研究の視点」については、「こうすると変わるかも？道徳授業の進め方案」を踏まえ、学年の先生方と一緒に検討したうえで決定します）。

加えて、不都合があればそのつど相談して柔軟に対応すること、1学期は相馬が担当し、2学期はA先生

## 資料6　教材研究の視点

**9.　15「同じ仲間だから」（ユニット3　1／5）**

本日の視点　友達と助け合う　【中学年の内容】 友達と互いに理解し、信頼し、助け合うこと。

※助け合うについて言葉のイメージを共有。そのあとに↓

本文が長いので、P55の３行目で終えるようにしました。

経験を引き出す最初の発問

・　友達と助け合うってどういうこと？（抽象的すぎる？→イメージわかない）
・　**もし理由があれば、仲間外れをすることも許される場合はある？（マイナス面を強調）**
・　**友達と助け合えないときってどんなとき？（マイナス面を強調）**

教材内容についてのお知らせ

　中心になる登場人物は、とも子と幸治と光夫の３人です。この３人は運動会の団体競技「台風の目」の同じグループです。光夫くんは運動がとっても苦手。クラスの弱点だと思われています。その光夫くんがケガをしてしまうのですが…休んだほうが言いという幸治。幸治に「ともちゃんはどう思う？」と聞かれた、とも子は返事に困ります。

範読後に聞くことを事前通知

・　とも子の返事に困ってしまったとき、何と何で迷ったか？

| 勝負に勝ちたい気持ち<br>光夫を入れない | 友達を大切にしたい気持ち<br>光夫を入れる |
|---|---|
| 光夫くんがいたらまた負けるかも<br>毎年負けるのは嫌だ | 仲間外れはいけないし<br>友達だったら一緒に頑張るべき |

※何かをやりたい気持ちや勝ちたい気持ちなどが強いと友達を大切にする気持ちとのバランスが難しい。

主発問

・　自分がとも子の立場だったらこのあとどうする？（方法論が挙がる）
・　自分がとも子の立場だったら、何を大切にする？（自分の価値）
・　２つの気持ちを大切にするために必要なことは？（新しい価値の創造）
・　「友達と助け合う」

振り返りに出した言葉

・　勝つことも大事だけれども、友達を大切にすることも大事。自分はどんなことでも一緒に頑張りたいと思いました。
・　勝ちたいという気持ちもとっても分かります。でも友達を仲間外れにしていい理由にはならないから友達を絶対大事にする。

授業の中で、友達を大切にすることを一番にするというのではなくて、本心は勝ちたいけれど、友達も大事ということを素直に話し合えるような授業展開にしたい。

が担当、3学期はC先生が担当してみるなどと学期ごとに分担を変えることを約束ごととしました。

　学期ごとに教材研究を行う教科分担を変える試みは、教材研究分担制をはじめて2年目の年に行ったことでしたが、いざやってみると思いのほかうまくいったように思います。いったんこの方法に慣れてしまえば、他の学年を受けもつことになったとき、その方法をその学年に広げていくことができるのではないかといった期待もありました。

いずれにしても、教材研究分担制は同僚の先生方と学び合うよい機会となるし、自分が専門としていない教科の理解が深まると、授業全般に対する自信も増してくるので一挙両得だと感じています。

# 教材研究分担制を軸とした教師同士の学び合い

## 1　自分の担当教科でなくても教科の専門性を高められる

こうした分担制に取り入れたおかげで、教材研究の負担が減り、自分が担当した教科について深く学べる機会を得たという点でも取り組んでよかった実践となりました。その一方で、もしかするとこんな声も聞かれるかもしれません。

「いや、待てよ。学年の先生に教科を分担してしまったら、自分が担当していない教科については全然学べないことになるのではないか。そうだとしたら人に任せることはせず、少しでもいいから自分で教材研究したほうがいいのではないか」

こうした考えのほうが受けとめられやすいかもしれませんが、むしろ逆で、人に任せたほうがより多く学べる取組なのです。実際に取り組んでみてわかった実感です。心配するには及びません。

学びつづける教師である限り、経験年数が長くなるほどに、教科の専門性は高まっていきます。そこには、ちょっと学んだだけでは理解し得ない知見があるでしょうし、ベテランならではのノウハウもあるでしょう。

以前、同じ学年を組ませてもらっていた石黒先生（社会）や谷口先生（体育）がまさにそうした経験豊かな教師たちでした。彼らと学び合うことを通して、〝その道を知る先生にとっては当たり前のことも、自分は結構知らないものなんだな〟と気づかされることが多々あったのです。

たとえば、幅跳びの授業。私は次に挙げるポイントくらいしか頭にありませんでした。

- 踏切の足をどっちか決めるために何度か試させる。
- スタートの位置を決めるために距離を測らせる。
- 踏切の線を出てはいけない。

それが、教材研究分担制を取り入れたことで、谷口先生から数多くのすばらしいアドバイスを日常的に得られるようになったのです。おかげで、自分の知識レベルがグッと上がったし、それまでよりも自信をもって授業に臨めるようになりました。

次に紹介するやりとりは、その一例です。

谷口「相馬さんの考えているポイントもとても大事ですけど、最初、踏切板は気にさせないで思い切り跳ぶことを意識させたほうがいいですよ。それと跳ぶときには、子どもに『踏み切るときは、お腹を前に出すようにする』と言ってみるといいでしょう。助走の目安はだいたい20ｍくらいで。友達に何歩で踏み切っているかを数えてメモしてもらうようにします。踏み切りを意識しすぎると目線が下がってしまうので、目線はどこに向けたらいいのかを考えられるようにするとよいと思います」

〝なるほどなぁ〟と私は頷きながら、谷口先生の話に耳を傾けていました。

石黒先生からは社会科の知見を数多く授けてもらいました。そんな石黒先生の口癖が「社会科は資料が命」です。社会科を専門としている先生方にとっては自明なことだと思いますし、私も言葉くらいは知っていましたが、「では、そうした資料をどう集めたらよいか」「授業でどう扱うのが効果的か」など、詳しいことはまるでわかっていませんでした。

そんなとき、石黒先生が使っていたすべての資料を提供してもらっただけでなく、どのように活用すればよいかについて指南してもらいました。

私「資料を提示したあとは、どんな感じで授業を進めていけばいいんですか？」

石黒「資料にもよると思いますが、写っている人やものはなにか、グラフや表だったら広がりや数量など、変化の大きなところに着目させたうえで意見を出させるといいですよ」

私「子どもからの意見はたくさん出るとは思うんですけど、収拾がつかなくなったりしませんか？」

石黒「子どもたちの多様な意見のなかにも、なにかしら共通点や相違点があるものです。それを教師が振り分けるのではなく、子どもたちが考えられるように促します。分類・整理することを通して、およその社会的事象の特色や意味に近づけそうな言葉がちらほら出てきます。資料提示の段階では、子どもが課題意識をもったり調べる意欲を喚起したりするのが主な目的なので、ある程度の課題を整理できたら、『じゃあ、本当にそうなっているか調べていこうか』などと調べ学習にもち込んでいけばよいのではないでしょうか」

資料を提供してもらうだけでもありがたいことですが、資料の活用方法まで教えてもらえたことで、〝早く授業をやってみたい〟とワクワクした気持ちになれました。とはいえ、石黒先生のようにできるわけではありません。「授業展開の仕方がわかること」と「実際に授業展開できること」との間には、大きな隔たりがあることを改めて認識しました。これもまた学びであり、教師として成長できる自分の伸びしろだとポジティブに受けとめることにしました。

その後も、谷口先生や石黒先生には、自分がわからないことや腑に落ちない点をどんどん質問し、実践に生かすことを継続していました。その年度が終わるころには、自分なりに勘どころのようなものをつかめたように思います。

このように、自分が教材研究を担当していない教科であっても、教師同士で学び合う環境さえ整っていれば、同僚の力を借りながら専門性を高めていくことができます。

## 2　若手と組んでも学び合える

学年に、たとえば2年目くらいの若手の先生がいる場合はどうでしょう。力量のある先生との学び合いのようにはいかないはずだと思われる方もいると思います。担当を分けたところで、結局はその先生の分まで教材研究を担当することになってしまうだけなのではないか…と。

結論から先に言うと、そんなことはありません。学び合いの仕方次第です。

押さえておきたいポイントはまず、若手に教材研究をしてもらう教科を絞ることです。その際、こんなふうにアドバイスしてみるのがよいでしょう。

「A先生に担当してもらっている教科は算数ですが、自分一人の力で教材研究をしようなどとは思わなく大丈夫。学年は違うけど、算数を専門としている力量の高いB先生がいます。話を通しておくので、まずは彼に相談をもちかけて資料をもらってください。関連する書籍を買って、片っ端から読んでみるのもよいでしょう。ちなみに、私が活用している資料データもすべて共有するので目を通してみてください。繰り返しになりますが、自分でゼロから生み出そうとはしないこと。けっして完璧は求めない。まずは2割程度でOKです。その段階で学年の先生方に提出してもらって、お互いに語り合いましょう」

教師になって2年目であれば、ひとつの単元を教材研究するだけでも相当の時間と労力が必要です。あえていろいろな回り道をしたり、本当に役立つかわからないことでも試しにやってみたりすることも大切な学びです。

しかし、現在の教師がこなさなければならない仕事量を考えると、回り道をしているうちに仕事が山積みになってしまい、学びを蓄積するどころか、心と体がオーバーフローしてしまうのであれば本末転倒です。そのような意味で、将来への展望に向かって時間をかけて育てることができた大昔とは異なり、現在の若手教師にとってはやさしくない時代だと言えるように思います。

こうしたことから、（教材研究に限ったことではありませんが）ゼロから考えさせるのは、酷な話だと思います。だからこそ（1年や2年で燃え尽きてしまわないよう）、効果的・効率的な働き方をしてもらうよう促す必要があると思うのです。

（相談をもちかける先生の個性にもよりますが）およそどの教科においてもよしとされる考え方やアプローチ法をもっているものです。まずはそれを真似するところからはじめてもらうのがよいと思います。その際、闇雲に真似をさせるのではなく、「なにから学べばいいか」「どのように学べばいいか」「それはなんためか」をつかんでもらうことを優先してアドバイスします。

ここで紹介するのは、体育の教材研究を担当してもらったときの話です。「年間を通して使えるワークシートがあるといいから、単元ごとにワークシートをつくってみてください」とお願いしました。その際、ワークシートの判型はB4判とし、次の要素を盛り込むようにアドバイスしました。

●単元のめあて
●簡単な学習計画
●子どもが理解できる1時間のタイムテーブル
●自分のめあてを書く枠
●ルール
●評価のチェックリストをつくる
●振り返りを書く枠

このときも、作成に着手したら、不完全でちっともかまわないので、自分が2割程度はできたんじゃないかと思えた段階でいったん提出してもらうという約束事としました。そうすることで、早い段階で修正できるし、なによりも一所懸命につくり上げたワークシートを最初からつくり直しさせるような愚を犯させずに済みます。

完成度2割のワークシートができたら、そのつど学年の先生方で意見を出し合い完成度を高めていきます。その時間は、およそ10分から20分程度。単元数をこなしていけば、スピーディになり、やがて質も上がってきます。

すると、自分の「やってみたいこと」が思い浮かぶようで、次のような主体的な意見が出てくるようになっていきます。

「A先生にもらった資料を読んでみました。ここにこの内容を入れると盛り上がりそうなので取り入れてみてもいいですか？」

「振り返りを書く視点を追記してもいいですか？」

といった案配です。

世の中には、初任者であっても、だれかの指導を受けるより、自分でゼロから自由につくれる裁量を与えたほうが、よりよい結果を出せる人もいます。しかし、そんな教師はまれです。

多くの若手は、自分がやるべき「内容」と「方法」を与えてもらうほうが、仕事をやりやすいし、負担感の軽減にもつながります。あまりにも画一的な型にはめるのは窮屈すぎてデメリットしかありませんが、その若手教師にとって丁度いい縛りであればメリットしかありません。

# 授業の観方

ここまで、同僚教師と授業を観合い学び合うことの価値と効果について語ってきましたが、一口に「授業を観る」といっても、漫然と見ているだけでは、自分の成長にはつながらないし、同僚の学びにもなんら寄与しません。

ここで重視すべきことも「目的」です。まずは「自分はなんのために授業を観るのか」をハッキリさせておくこと。目的の中身そのものは、どのようなものであってもかまいません。板書の仕方や子どもの発言の拾い方といった教師の指導技術に関心を抱く人もいるだろうし、学び合う子どもの様子をつぶさに観察したい人もいるでしょう。

つまり、「目的をもつ」というのは「視点を絞って授業を観る」ということにほかなりません。

ここでは参考までに、私が授業を観るときの目的＝視点を列記します。

●どうやってめあてを立てているか
●授業の進め方と時間配分

●子どもの発言量
●子ども同士のやり取りする量（ペア、グループ、全体）
●子ども同士のやり取りがどれだけつながるか
●聞き手は受容的か
●子どもの問いに対する反応
●どんな言葉を使っているか
●指示の出し方や癖
●教師が説明しているとき子どもはなにしているか
●教師の立ち位置
●どうやって振り返りを書かせているか
●どういうときに子ども同士の話し合いに介入するか
●板書の意図、構成
●評価の方法、タイミング
●子どもへの寄り添い方　など

できれば、1時間の授業を丸々参観できることに越したことはありませんが、それよりも優先すべきは観る回数です。たとえば、自分の目的が「授業の入り方」であるとするならば、日々のちょっと時間を使って、導入の10分だけ観るといった方法です。自分の目的を果たすための授業参観だと割り切ってしまえば、自分に合った授業の観方を見いだすことができるようになるでしょう。

時間が許せば、授業を観終えたあとの休み時間にひとつだけ質問をさせてもらったり、放課後に声をかけて軽くディスカッションする時間をつくってもらうようにすれば、さらに自分の授業力向上を促進してくれます。それともうひとつ、授業参観にせよ、授業者とのディスカッションにせよ、「できる範囲」で「無理なく」「継続的に」行えるようにすることが重要です。

私のこれまでの経験上、授業を参観させてもらったあとに、「今日の授業についてお話を聞かせてほしいのですが…」などともちかけて、断られたことはありません。実際に、ディスカッションがはじまると、多くの先生方は、予定していた時間を過ぎても自分の考えや方法をたのしそうに語ってくれます。

なかには、「この本を読んで実践してるよ」とか、「研究会でもらった資料があるからコピーしましょうか」などと言ってくださる方もいるくらいです。ふだん機会がないだけで、「自分の実践をだれかに語りたい」という思いをもっているんじゃないかと思うことがたびたびあります。

日ごろから授業を参観し合える環境をつくるのは、けっして簡単なことではないと思います。教師の多忙さが叫ばれる今日にあっては、その難易度は増していることでしょう。しかし、先生方の成長を期するうえで、その効用は計り知れません。

さらに言えば、（本書では直接的に言及しませんでしたが）子どもにもよい影響を与えます。

たとえば、担任の先生以外の先生方ともかかわる機会が増えるので、子ども同士でなにかトラブルがあれば、学級担任ひとりで抱え込むことも少なくなります。のみならず、他の学級の先生方から情報が寄せられたり、場合によっては子どもに直接注意を喚起してくれるので、トラブルそのものが少なくなります。

なにより、いろいろな先生とかかわられるほうが、子どものほうもたのしいようだし、相談できる教師が増えるので、心理的安全性も高まるなど、いいこと尽くしです。むずかしいと言われる「授業を観合い語り合う環境づくり」ですが、ぜひチャレンジしてほしいと思います。いったんそうした環境ができあがってしまえば、びっくりするくらい日常の当たり前の光景になります。

# 「1人も寝かせない」協議会

足立区の区小研の常任委員長を務めることになったときのことです。区小研では生活科・総合部に所属していたのですが、意欲的な若手と力のあるベテランの力が、いい形で合わさって相乗効果を得られないものかと考えて取り組んでいました。

とはいえ、生活科総合部は区小研のなかでもマイナーな部だったので、最初のうち参加者は20人にも満たない状況でした。しかし、1年ちょっとで50人以上集まってもらえる部になりました。そうなるためにいろいろと手を打ったのですが、その最たる取組が協議会そのものの見直しです。

**[コンセプト]**

- 「1人も寝かせない」とテーマに掲げる。
- 協議会を、参加された先生方が、明日からの授業に役立つお土産をしっかりもち帰れるよう、一人一人のアウトプットを重視する。

**【協議方式の見直し】**

●これまで1時間以上の時間をとっていた講師の話を大幅に減らして20分にする。
●講師の話を減らした分だけ、協議時間を増やす。
●今日の授業はどうだったかを付せんに書いてもらってスケールチャートに貼り、それをもとにしてグループで対話する。
●協議会の終わりには必ず「今日の協議会はどうだったか」「どんなことを学べたか」を振返りシートに書いてもらい（ＰＤＦにまとめ）、メーリングリストを活用して全員に発信する。
※書いてもらう際には、記名してもらうのがポイント
●私たちの意図を汲んでいただけない（自分の考えを一方的に話したり、参加者が話し合いをしている最中に居眠りしたりするような）講師は呼ばない。

こうしたコンセプトのもとに取り組んだところ、若手の先生方がより意欲的になってくれたり、力のあるベテランの先生方も寄り添うように授業者の相談に乗ってくれたりするようになりました。次第に、他地域から赴任してきたばかりの先生であっても、自分から手を挙げて授業を公開してくれる状況なども生まれて活気づき、リピーターが増えていきました。

おかげさまで協議会中にコックリする先生は1人もいなくなりました。そんなふうにしているうちに、〃よそからわざわざ講師を招くことは、本当に必要なのだろうか〃と疑問をもつようになりました。

たとえば、学習指導要領の改訂を受けて、「今後現場ではどのような教育が求められるのか」といった知識を教授してもらうような勉強会であれば、講師を招く意味はおおいにあると思います。

しかし、1つの授業を先生方がそれぞれの視点から観て、自分も同じ授業者として感じ考えたことを率直にアウトプットしたり、共有したりして、「明日からの授業に役立つことをもち帰る」ことを目的とする協議会であれば、様相が変わるように思います。

（語弊のある言い方かもしれませんが）講師の話がバイアスとなって（講師の考えとは異なる意見は言いにくくなって）、参加している先生方の発言の多様性を狭めてしまうという側面があるように思われるのです。これが、協議会での対話が活性化しにくい理由のひとつに挙げられるような気がします。

もしどうしても講師を招くことがマストであるというのであれば、何人かの先生を壇上に上げ、授業者がホストとなって自分の知りたいことを講師から引き出し、その考えについてパネラーの先生方が率直に意見を述べ合うといったパネル・ディスカッション形式にするといった工夫なども必要なのではないかと思います。

私自身、ある年に國學院大學の田村学先生を講師に招いた際に、この方式を採用したところ、(たいへん人気のある田村先生だったからということもあったでしょうけど) 参加者からは好評でした。

こうした取組以外にも、常任委員長同士の集まりでもメンバー全員をアドレス帳に登録し、「今日の話し合いの内容は○○、次回は○○について意見を交換する」といったアジェンダを作成して「ぜひ来てください」と頻繁にメーリングリストにあげていました。このように、「いつでも気軽に参加できる、だれでも参加できる」という雰囲気づくりを徹底したことで、指導案検討会にも多くの先生に参加してもらえるようになりました。

時間を遡って初任のころに勤めていた区では国語部に所属していたのですが、国語部の協議会には100人前後もの先生方が集まります (国語部、体育部はとにかく人が多いですよね)。そのため、低・中・高学年の輪が30～40人にもなるのですが、だれも手を挙げようとしませんでした。これでは、せっかく勇気を出し、手間暇をかけて準備して研究授業を行ってくれた授業者が報われません。

こうした経験を踏まえ、生活科・総合部に所属してからは、参加者全員に付せんを配り、授業を観て感じたことをその場で1つ以上書いて指導案に貼ってもらい (発言する内容を用意してもらい)、付せんに書いたことは、一言でもよいので必ず発言するというルールにしました。そうした工夫を凝らしながら、「だれでも気軽に入ってこられて、すべての先生に発言権があるのが協議会だ」という認識が広まるようにしていたのです。

加えて、協議会の内容を通信部にまとめてもらい、区内の学校すべてに配布するといった取組もしていました。すると、なにかしらのフィードバックをもらえるので、先生方がどのようなことを悩まれているのかを知るいい機会にもなります。

このように取り組んでいたのは、専門とする教科等を問わず、ともに学び合える仲間を一人でも増やしたかったからです。どの教科等の授業についても、担任している学級での子どもたちの様子についても、率直に語り合える仲間がいればどれほどお互いの励みになるか。

ほかにも、研究授業とは別に、ベテランの先生の授業を一緒に観させてもらう機会なども設けていました。などと、さらっと書きましたが、(公開授業として設定されていない)他校の先生の授業参観はとてもハードルが高い取組です。なにより勤務校と相手校の校長先生の理解とサポートが欠かせません。

頻繁にできることではないことを承知しつつも、できれば有休扱いではなく、「○日に行うA小学校のB先生の授業を観たいから」という理由でも出張扱い(自治体ごとの学校管理規則に定める関係規定）にしてもらうか、職専免研修扱い（教育公務員特例法第22条第１項）にしてもらえると、（校内の人の割り振りはたいへんだとは思いますが）区内の先生方がともに学び合おうとする機運がさらに高まるのではないでしょうか。

# おわりに

教師の仕事は、数値で簡単に評価できるものではありません。手を抜こうと思えば、いくらでもできる職業でもあるからです。ただ私は、「教師こそ最大の教育環境だ」と考えていますし、本書を読んでくださったあなたは、「子どもたちに力をつけさせてあげたい」「幸せな人生を歩めるようにしてあげたい」と思っているのではないでしょうか。その分、自分自身を成長させたいと思う気持ちも強いはず。

そのために欠かせないのが「学ぶ力」です。これからの時代はかつてないほどに、自ら
の意思で新しいことを学ぶことが必要だからです。ただそうは言っても、激務のなか、多くの時間を自分の学びに割くことはむずかしい。だからこそ、効果的で、効率的な「学び方」を知っていることが重要な鍵を握るのです。

世の中には成長するための方法が溢れています。自分が悩んでいることはだれかがすでに解決法を見いだしているものです。そう考えれば、悩んでいる時間がもったいない。私たちに必要なのは、自分の意思で・やることを決めて・先人の考え方や方法を上手に取り入れ・学びつづける、これに尽きます。

その一方で、新しいチャレンジにはストレスが伴うし、面倒くささも手伝って、すぐに元のぬるま湯に戻ろうとする自分もいます。だから私には仲間が必要なのです。共に学び合える仲間です。みなさんもぜひ、仲間の力を借りて学びつづけてほしいと思います。

本書の出版にあたって、高木聡さんにはたいへんお世話になりました。体調を崩したこともあり、書き上げるまでに5年もの月日を要しました。いまでも思い出すのが、本書のお話をいただいたときのことです。初回の打ち合わせで、「相馬さん、緊張していますね？　目の前にATフィールドが展開されていますよ」と指摘され、はっとしました。

そのとおり、めちゃくちゃ緊張していました。たいした実績もないのに単著だし、だれが認めるような実践を積み上げているわけでもない。とにかく不安要素しかありませんでした。そんな私の様子を見取ってか、「今回の本でだれか1人でも元気になれたらいいんじゃないですか」と言ってくれました。その言葉が弱気な私の背中を押してくれました。感謝の気持ちでいっぱいです。

私は本当に恵まれています。家族をはじめ、職場の先生方、学級・学年の子どもたちとその保護者のみなさんの支えがあって、相馬は存在することができています。ありがとうございます。そして最後に、本書を手にしてくださった読者のみなさんに、この場を借りて深く感謝いたします。

2023年6月吉日　相馬　亨

相馬 亨（そうま・とおる）

東京都港区白金小学校主任教諭

1981年東京都江戸川区生まれ。創価大学卒。同年より東京都公立小学校にて勤務。江東区、足立区を経て現職。足立区では生活科・総合部の常任委員長を務める。

子ども主体の授業づくりのためにファシリテーション、コーチングについて研究中。子どもの力を伸ばせる方法があるならば、なんでも取り入れる。方法にこだわらないのがこだわり。2021年基礎コーチング修了。

〈主な著書〉『「学びに向かう力」を鍛える学級づくり』（共著、東洋館出版社、2017年）



子どもも教師も
日々の成長を実感できる
「学ぶ力」の鍛え方

2023（令和５）年６月15日　初版第１刷発行

著　者　相馬亨
発行者　錦織圭之介
発行所　株式会社　東洋館出版社
〒101-0054　東京都千代田区神田錦町2-9-1
コンフォール安田ビル2階
代　表　TEL 03-6778-4343
営業部　TEL 03-6778-7278
振替　00180-7-96823
URL　https://www.toyokan.co.jp
装　幀　中濱健治
印刷・製本　藤原印刷株式会社

ISBN978-4-491-03720-2　Printed in Japan